蒙山古银场

刘清华
黄文平 编著
晏宏景

江西人民出版社
Jiangxi People's Publishing House
全国百佳出版社

图书在版编目（CIP）数据

蒙山古银场 / 刘清华，黄文平，晏宏景编著．—南昌：江西人民出版社，2016.7

ISBN 978-7-210-08619-2

Ⅰ．①蒙… Ⅱ．①刘… ②黄… ③晏… Ⅲ．①银矿床—古矿井遗址—研究—上高县 Ⅳ．① K878.54

中国版本图书馆 CIP 数据核字（2016）第 174828 号

蒙山古银场　　刘清华　黄文平　晏宏景　编著

责任编辑：吴艺文
封面设计：同异文化传媒
出　　版：江西人民出版社
发　　行：各地新华书店
地　　址：江西省南昌市三经路47号附1号（邮编：330006）
编辑部电话：0791—86898470
发行部电话：0791—86898893
网　　址：WWW.JXPPH.COM
2016年12月第1版　2016年12月第1次印刷
开　本：787毫米 × 1092毫米　1/16
印　张：10.5
字　数：220千
ISBN 978-7-210-08619-2
赣版权登字—01—2016—625
版权所有　侵权必究
定　价：58.00元
承 印 厂：南昌市红星印刷有限公司

赣人版图书凡属印刷、装订错误，请随时向承印厂调换

序

　　银，在中国古代不仅是王公贵族，乃至平民百姓的喜爱之物，而且自唐以后千余年间的银锭、银元作为流通的货币，因而用量极大，与金一道成为国家财政的重要基石。

　　那么，银的原料来源于何处？这一直为历史学、经济史学、矿冶史学者关注。地质资料显示江西银矿产量居中国前列，考古资料反映江西东北部德兴的唐代银矿为中国最早的大型银矿山。到了宋代，用银代货币风行，需求量更大，全国最大银矿又落于江西西部的上高县蒙山银矿，该矿一直执全国银产量之牛耳，占有相当份额，它为中国社会经济发展作出过历史贡献。鉴于其价值重大，2013年5月被公布为全国重点文物保护单位。

　　蒙山银矿的开采时代从宋元延续至明，可以说是三朝银库。蒙山银矿遗址作为矿业文物遗产，其历史风貌犹存，古代采矿区、冶炼区星罗棋布地分布在丛山峻岭的密林中。最长的坑道斜深数华里，表明其矿产之丰富和开采量之大。巧夺天工的历史场景，在这里得到了很好的展示。尤其是冶炼区银炼渣堆积成山，高达十米的景观令人震撼。为了冶炼区的安全，矿山管理者不惜人力物力构建了高大的土垣，确保其安全。

　　蒙山银矿作为矿山文化遗产应是世界级的，首先它是古代开采时间最长者，历经三朝，红红火火三百年，银产量稳居全国前列。其次是历史风貌基本处于原生状态，这在国内外矿业遗产中难以比拟。不仅有采矿区、冶炼区，还有矿山居住区、护卫炼银区的土垣、古道、桥梁、管理机构蒙山务旧址，更有元代矿山子弟学校正德书院、教化从业人员的寺庙圣济寺，内涵丰富多彩。

蒙山银矿遗址作为人类文物的重要遗产，它的保护利用工作有着广阔的发展前景，今后它可以建成国家考古遗址公园和国家矿山公园，成为江西一处有展示前景的文化旅游景区。今拜读《蒙山古银场》书稿十分欣慰，这是一部通过艰辛考古调查，查找地方史文献，介绍蒙山银矿遗址基本情况和研究的力传，此书出版将对江西矿区遗产的保护和利用工作起到积极的作用。

刘诗中

（作者系北京大学考古专业毕业，江西省博物馆研究员，享受国务院津贴，长期从事矿冶考古研究）

前言

　　上高县古称"望蔡"，位于江西省西北部的锦江中游，东邻高安，南毗新余、分宜，西接宜春、万载，北连宜丰。界于东经114°28′~115°10′和北纬28°02′~28°25′之间，东南最大横距68公里，南北最大纵距45公里，总面积1350.25平方公里。离宜春市96公里，距省会南昌市112公里。境内山清水秀，矿产丰富。新中国成立以来发现并探明了一些矿床，如：七宝山钴铁矿、铅锌多金属矿，黄金堆鸡公岭煤矿，蒙山太子壁锡钨多金属矿、铅、锌、银矿，渔坑大理石矿，葫芦山、太阳垴、肖坊的熔剂灰岩、白云岩，塘富水泥灰岩，大庙、城陂的瓷土矿等，其中最有历史和现实意义的就是蒙山银矿。

　　蒙山银矿与德兴银山、金溪宝山、于都银坑号称江西古代四大银矿，无论在国史、地方史文献中都有记载。20世纪40年代末，我国著名的地质学家南延宗先生对蒙山银矿的主采场和主冶炼场之一的太子壁扁漕洞和鉴里冶炼区作过初步考察，认定其为中国古代一重要银矿。70年代吉林省农安县出土了两枚錾刻有"瑞州府蒙山"字样的天字号、元字号银锭，被认定为中国元代唯一标有矿山制品的银锭，其文物价值十分重要。尔后的80年代中期上高博物馆对蒙山银矿作了初步调查，发现古代矿洞4个，加上鉴里冶炼场，与矿山有关的遗存总计5处。80年代后期，江西省人民政府将其公布为省级文物保护单位。21世纪初，日本石见古银矿申报世界文化遗产代表团在中科院自然科学史研究所苏荣誉研究员的陪同下，赴蒙山实地考察，日本专家认为蒙山银矿的年代从南宋至明代，从时代来讲石见古银矿开采年代晚，石见古银矿时代为江户时代，大约为公元1564年，主要有古城和采矿遗存，而蒙山不仅有采矿遗存，还有规模宏大的炼渣堆积。中科院苏荣誉研究员和国家文物局申报世界文化遗产专家郭旃认为，无论从采矿年代，矿山延续时间，开采规模，炼渣堆积景观都胜于日本石见古银矿。2004年，日本石见古银矿被公布为世界文化遗产。

为了进一步挖掘蒙山银矿的价值，全面做好遗址的保护工作，江西省文物局于2008年年底从省财政民生工程基金中拨给专项资金用于保护工作和考古调查。目前当地政府采取严格措施，在可能被盗的鉴里冶炼区入口处实施保护工作，并有明显的保护标志，使遗址保护工作得到强有力的落实。

考古调查工作由江西省文物保护中心组织实施，特地聘请富有经验的江西省博物馆研究员刘诗中为调查组长，组员有省内矿冶、历史文献专家王岚、蔡光邦和上高博物馆主要业务人员。调查工作分为三阶段进行，第一阶段为2009年3月，这一个月期间主要在南昌和北京查找有关地质历史文献记载资料；第二阶段从4月至6月进行了为期三个月的田野考察；第三阶段为7月，花费一个月时间整理资料，编写报告。

本书是在此次调查勘探的基础上形成的，汇集了蒙山银矿遗址的自然地理、地质矿山开发史、矿业遗迹、矿业制品、考古遗存记录、相关的研究成果、有关的人文景观、历史文献、价值评估等，为日后申报各类型、各级别的文化遗产做了最基础的工作。

本书通过对蒙山银矿遗址调查勘探采集到的南宋、元代、明代早、中、晚期的数百件考古断代瓷器标本及与摩崖石刻纪年和文献记载三方面的翔实史料认定矿山起始终止年代，证实了蒙山银矿遗址始采于南宋，终采于明万历年间，延续达数百年之久。这在国内外判断矿山年代是仅有的例证。同时本书对矿山的布局有较为清楚的描述，蒙山银场矿山规模大，达10平方公里，共发现采矿主矿洞27个，新发现大型露采遗迹探槽和槽坑，丰富了矿山的采矿方法。冶炼场由原来的鉴里一个，增加了东湖、东风桥、火烧山下三大冶炼场，另外还发现了官办的管理机构蒙山务的所在地，同时还发现了便于管理和保护主冶炼场的大型护卫性土垣和壕沟。正德书院是中国首座矿山学校，书中也标明了它的具体方位。矿山的组成部分交通古道也有发现，元代的正德桥在主冶炼区附近，而通往新余、分宜的两条长达5公里的古石道也被发现，更为重要的是矿山生产、管理、文化中心也被认定，它分别由主冶炼场、蒙山务管理机构驻地、土环垣、桥梁、教学场地等建筑物和生产场所联合组成，这在中外古代矿山中很少见。确认采矿年代的摩崖题刻也由原有的一处，增为三处。通过对矿山采冶遗存的了解，确认蒙山银场为集采矿、选矿、冶炼、外销于一体的古代矿山，当时的矿冶科技成就，在国内也是领先的。

蒙山银矿遗址已于2013年5月公布为全国重点文物保护单位，此外它还具有申报国家矿山公园条件，同时由于其交通便利，历史风貌保存完好，遗产景观类型丰富、体量大、各富特色，有着建立考古遗址公园的良好基础条件，随着日后考古、保护、展示工作科学扎实推进，它还具有申报世界文化遗产的美好发展前景。

目录

第一章　蒙山地质矿床　1
- 第一节　江西上高蒙山地质矿产　1
- 第二节　江西省上高县太子壁锡多金属矿区初查补充设计　18
- 第三节　赣北蒙山花岗岩及其所生成矿产之研究　40
- 第四节　矿山地质勘探大事记　42

第二章　蒙山历史文献与考古资料　43
- 第一节　矿山开发史　43
- 第二节　矿 业 制 品　47
- 第三节　蒙山历史文献　55
- 第四节　矿冶著述对蒙山银矿的评价　62
- 第五节　蒙山人文胜迹　68
- 第六节　蒙山考古遗迹记录　83

后记　153

参考文献　156

第一章
蒙山地质矿床

对蒙山银矿地质矿产研究最早的是我国早期杰出地质学家南延宗先生，他在 1940 年任江西省地质调查所技正期间，曾带队深入到蒙山银矿进行地质勘探，对蒙山银矿地质矿床作了较为详细的论断，他是第一个对蒙山银矿地质矿产资源进行理论分析的地质专家，他带领的工作队也是第一次对蒙山银矿进行全面勘探的调查队，他们所做的工作为后面蒙山银矿的保护、利用、开发开启了先河。下面的蒙山地质矿产资料是在南延宗先生的《江西上高蒙山地质矿产》的基础上形成的，主要从蒙山银矿的地层结构组成、地质矿床构造、火成岩的种类及形成原因、花岗岩周边变质情形及矿产分析进行了解剖，对已开发的每一个矿洞矿产的多寡从理论上进行了论述。

第一节　江西上高蒙山地质矿产

蒙山（图一）全区，系壮年期之地形，峰峦高耸，山岭绵亘，其中心为白云峰，高出海面 1035m，山麓平原，高出海面约 100m，矿区太子壁，高出东

图一　蒙山景

湖平地 360m，约当地形图上 460m 之高度，大窝里高度为 300m，与太子壁高度相差仅 160m 而已，此又为地形上大窝里较胜一筹之处。

（一）地层

蒙山本身为火成岩区域，其四周为中二叠统阳新灰岩及一部分上二叠统乐平煤系所包围，尤以阳新灰岩分布为最广，今分述如下：

1. 阳新灰岩

为灰黑色块状之灰岩，内含燧石层及方解石脉颇多。在本区内，此种灰岩中，化石殊为少见，仅在石栏窝与渔坑间，检获单体珊瑚化石一种，群聚一处，甚为完好，经粗略鉴定后，乃系 Corwenia chiuyaoshanensis Huang，其时代属中二叠世。岩层因褶皱关系，重复露出，故展布甚广，实际厚度，仅有 400m 左右耳。岩层走向，为东北—西南，大体向东南及西北倾斜，其与花岗岩侵入体接近之部分，倾斜较为零乱，每与花岗岩成相反之倾向，尤以东部、北部之地层较为显著，殆受侵入影响颇大所致。本岩与花岗岩接触之处多变为白色细粒大理岩。其质甚纯，厚自 3m~50m 不等，足供建筑上及装饰品之用。

2. 乐平煤系

在本区附近，不甚发育，其中计有黄色砂岩、黄灰色砂质页岩、黑色页岩及煤层等，整合于阳新灰岩之上，每因构造关系，层次缺失颇多，大致以南港墟至浒江以北为较完全，内含无烟煤 1~2 层，厚不及 1m，煤细如粉，其质甚劣，本系全层厚约 300m，最薄之处，仅有 100m 而已。岩层走向亦为东北—西南，倾斜以偏东南者为多，倾角约 40°。在蒙山东部弹子岭，煤系倾向为东南，倾角亦较平缓，约为 25°，故其岩层平铺较远，不若西面如里村等地之挤压甚薄也。本系属上二叠统。

3. 第四纪红土层

出露于蒙山东南之平原内，成为紫红色之平坡小山，分布颇广，似系石灰岩之风化残余土，当在特别气候之下而成者，厚度约自 10m~30m。

4. 现代冲积层

亦以蒙山东南平原内，分布为最广，自仁和墟至水北街四周一带田畴草野，尽系本层分布之处。此外自陷田至东湖，以及南港墟附近，亦系本层分布区域，唯范围稍窄耳。本层自下而上，乃系砾石砂土黏土等，全厚自（1m~2m）~10m，最适于农作物之种植，故所产米谷，足够附近各村食用而有余，亦本矿来日开工时便利条件之一。

（二）构造

本区构造，颇为复杂，大致以逆掩断层为最多，褶曲构造为较少，其动作似在白垩纪花岗岩侵入之前，二叠纪乐平煤系生成之后，亦因花岗岩之侵入关系，以至蒙山东西两面之地层，每不一致，今将逆掩断层与褶曲构造，列举如下。

1. 断层

（1）南港墟浒江间逆掩断层

本断层西南起自南港墟以西，东至浒江以东，长达数十里，为阳新灰岩倒覆于乐平煤系之上，断层线走向与地层走向相平行，亦为北70°东，断层现象，以南港墟东面之狮子山及浒江以西之白泥石两处为最明显。阳新灰岩矗立甚高，向东南倾斜，其北面下部为乐平煤系所造成之低冈，亦向东南倾斜，显然为一逆掩断层之结果，其动力方向，乃由东南而来。

（2）横天坑蜡烛峎间逆掩断层

本断层东北起自鸟坑，与前一断层线相交于白泥石附近，西南经过横天坑、莽冲坑、东湖、蜡烛峎等地，渐与前一逆掩断层互相平行，亦为阳新灰岩掩覆于乐平煤系之上，断层线之东南面为阳新灰岩，向西北倾斜，断层线之西北面为乐平煤系，向东南倾斜，煤系地层，渐趋东北，逐渐减薄，而使其北面下部之阳新灰岩，直接与断层线南面之阳新灰岩，成为断层接触，倾向彼此相反，不能接合，当亦系逆掩断层所成，其动力亦自东南推向西北。

（3）里村楼下村一带逆掩断层

本断层东北起自新山，西南经过里村、楼下村一带，亦为阳新灰岩向西北推动，掩覆于乐平煤系之上，彼此倾斜，均向东南，唯层次上下倒置而已，且乐平煤系缺失甚大，几乎无煤可见，故知亦系逆掩断层之结果。

（4）河泥坳萧坊间逆掩断层

本断层位于蒙山之东部，西南起自乱石庵，经过河泥坳而至莽山背后之萧坊，其东北更可延伸而至竹竿山。断层线之东南面，乃为莽山及竹竿山之阳新灰岩，其倾向为南50°东，断层线之西北面，阳新灰岩及乐平煤系兼而有之，其地层均向北80°东倾斜，与莽山方面之灰岩，完全不能相接，此种错断现象。一方面或系受蒙山花岗岩上升之影响，使其向外倾斜，成为穹窿构造，一方面实系逆掩断层之关系，而使莽山方面之阳新灰岩，斜覆于乐平煤系之上，其动力亦自东南趋向西北，本断层由位置比较之，颇与蒙山西面之里村逆掩断层遥相连接，而被后来之花岗岩体所截断者，唯地层倾向，彼此不同耳。

2. 褶曲

本区褶曲构造，因受后来逆掩断层及火山岩之影响，甚不完整，且东西亦不对称相合，西部有太子壁南村一带之背斜层一，石竹山西村一带之向斜层一，西南部又有观音脑、窑嘴背一带之背斜层一，东部仅有自白泥石陷田至鲤鱼形一带之半穹窿构造而已。

（1）西部背斜层

本背斜层以太子壁大窝里南村一带为褶皱，其走向亦为东北—西南，自太子壁之西北而至东湖，阳新灰岩尽向西北倾斜，太子壁之东南狮形岭罐子脑一带，灰岩尽向东南倾斜，二者之间，显然为一背斜层之构造。唯在其东北接近花岗岩部分，灰岩转向西南倾斜，此当系花岗岩侵入后局部运动之结果。

（2）西部向斜层

本向斜层以乐平煤系为褶皱，可由石竹山开始，经贯下街里西村一带，成一东北—西南之走向。自石竹山以东之煤系，已被花岗岩截去一段，故仅有南翼石灰岩之露出，本褶皱之西北文笔峰一带，灰岩与煤系，倾向东南，褶皱之东南压石洞南田庵下一带，地层转向西北，成一向斜层之构造，颇为整齐。

（3）西南部背斜层

本背斜层自蒙山南部之观音脑经西南部之窑嘴背高虎寨一带，阳新灰岩自成褶皱，其走向亦为东北—西南。褶轴之西北翼岩层，可与前一向斜层相接，其东南翼之地层，可与著名之花鼓山煤田，再成一向斜层之构造。

（4）东部半穹窿层

在蒙山花岗岩之东北部，自猴子脑至陷田一带之灰岩，向西北倾斜，至枫油壁、鲤鱼形等地。灰岩倾向正东，再至河泥坳附近，则转向东南，此种灰岩尽背花岗岩体而向外倾斜，且其地层亦较平缓，而使其上层之煤系，展布甚远，其受花岗岩之侵入影响，致成穹隆之构造，当无疑义。

本区地层，除古生代二叠纪之灰岩煤系，与新生代之红土冲积层外，中生代地层，全未见及。故对于褶曲与断层之时代，颇难臆断，大致其发生时期，总在中生代末期花岗岩活动之前不远，相当于燕山运动。至于半穿窿构造，当与花岗岩同时生成，故其构造与西部颇不相称。

（三）火成岩

蒙山火成岩，以花岗岩为主体，成一菱形之岩盘，侵入于阳新灰岩之内。自东南而西北，长约10公里，东北至西南宽约7.5公里，近似平行四边形。大致以东部为正常状态，西部变异颇大。每呈手指状之伸出岩脉颇多，沿石灰岩层面侵入，以渔坑、石栏窝、太子壁、鸭婆坑四处为最著。因分化变异之结果，亦生成不同之火成岩颇多，如石英斑岩、石英辉绿岩、正长斑岩、长石斑岩、长英岩、石英脉等均有之。亦因为西部沿边火成岩分化之激烈，故得分泌不同之矿床，太子壁之银铅矿床，即其一。今将蒙山全区火成岩，自内而外，做一有系统之叙述。

（1）粗粒红色花岗岩

本岩生于蒙山之中心及东北部分，如白云峰、更鼓壁、人形山、架子壁、走马岭、白米石一带均属之。其分布范围亦最广。几占全区火成岩80%以上。颗粒甚粗而均匀，乃系正长石、斜长石、石英及少量黑云母、角闪石等所组成。正长石之成分最高，故使岩石通体呈红色。斜长石则甚少，具条状及带状双晶者均有之，其消光角仅在10°左右，大致属钠长石及钠钙长石两种。此种长石，一部分已变为绿帘石与高岭土。其带状组织，亦有仍能保存者。石英在本岩内，仅次于正长石，为量亦少，每成短圆粗粒之晶体，分布于正长石晶体之间，颇为疏匀，透明无色，渐趋东北边部，晶体更趋粗大，或即以石英为斑晶，成为红色石英斑岩矣。黑云母含量甚少，乃为黑色片状晶体，其边缘每变为绿泥石。角闪石较黑云母之量更少，为细长板状黑绿色之晶体，大部分亦已风化为绿泥石。附生矿物如磷灰石、磁铁矿等，均偶有见及耳，本岩色泽之红，即以正长石最多为其特征。

（2）细粒红色花岗岩

本岩见于蒙山东部沿边，如太保庙、乱石庵、猪头山一带，全体晶粒甚细，亦作红色。其成分以正长石居最多数，石英次之，斜长石更次之。铁镁矿物如角闪石等，均受边部热液变化之结果，变为蛇纹石，而其原来晶形，仍得保存。本岩成分，其中心部分之花岗岩，完全一致，所不同者，组织略细而已。

（3）粗粒肉黄色花岗岩

本岩分布于蒙山西南部分，如白米石、九龙山之间，以及筲箕坡、黄蜂塘、脑子上、石栏窝一带。以石英、正长石、斜长石三者为其主要成分，颗粒均甚粗。石英较多，而正长石亦不若中心部分之红，作黄白色，秘长石之量仍少，黑云母、角闪石甚为罕见。本岩内每多粗细石英脉之穿插，且与银铅矿之矿体，亦最接近。

（4）粗粒灰白色花岗岩

本岩居于蒙山之西北部衫形壁、竹子壁、圣济寺一带，颗粒亦粗，以石英及斜长石均趋多数，故变为灰白色。其与红色花岗岩又黄色花岗岩之分界，颇不清晰，似系递渐变化而来者。正长石之量约与斜长石相等，其中一部分正长石或属于微斜长石（microcline），包泽益减淡，斜长石成为白色板状粗大之晶体，径自 5mm~15mm 不等，条状晶体颇为显著，亦属于钠长石，一部分已风化为高岭土。石英分量，较蒙山中部之红色花岗岩所含为富，晶体以大者较多，有达 10mm 之直径者，细者径约 2mm~3mm 而已。铁镁矿物在本岩内所占成分亦甚少，仅全体 5%~6% 而已，其中以黑云母为较多，角闪石次之，白云母更次之，其晶体甚为微小，径约 2mm~3mm，点点分散，几不可辨。

（5）细粒灰白色花岗岩

本岩分布于圣济寺、渔坑之间，范围甚小。统体亦为灰白色，晶粒甚细，每一晶体，仅 1mm~2mm 大。所含矿物成分，完全与粗粒者相似，唯角闪石略为增多，且有辉石之存在，是其特征也。

（6）石英斑岩

本岩在蒙山之西北及西南花岗岩边部出露甚多，如简里、石栏窝、黄蜂塘、太子壁、鸭婆坑、竹山等处均有之。每成为岩脉、岩墙，宽自 1m~5m 不等，伸出于花岗岩体之外，向石灰岩侵入，通体呈淡绿色。组织细密，以石英为斑晶，另有一部分斑晶，已变为蛇纹石，其原来晶体，当系辉石角闪石之类。石基系长石及少量石英所组成，长石全部已变为高岭石（koalinite），故使石色呈淡绿色，似乎本岩之生成，已受有热液变质之影响，即所谓高岭石化作用（koalinization）。

（7）长石斑岩

本岩出露于渔坑至小历头、下简一带，生于灰白色细粒花岗岩之北部边缘，亦为灰白色而带斑状之岩石，与灰白色花岗岩，完全相似。斑晶为正长石，长自10mm~20mm，此种晶体内，每包含黑云母及角闪石小晶体，成为poikilitic texture，肉眼亦可见及。石基甚为复杂，乃系石英、长石、黑云母等所组成，大致以石英之量为最多，黑云母为最少，磁铁矿稀拉，偶有见及耳。

（8）正长斑岩（syenite porphyry）

本岩仅见于蒙山花岗岩体之西北角排子山方面。成为指状或舌状之伸出岩脉，呈淡黄色或肉黄色。其斑状组织，更为显著，斑晶甚多，约占半数，尽系长石，且多已风化为白色高岭土。石基乃系最多数之正长石及微量之石英与黑云母、磁铁矿等所组成。本岩位置，虽与第七类长石斑岩颇相当，但石英之量，终嫌过少，且长石斑晶之数亦较多，兹另定名为正长斑岩。

（9）石英辉绿岩（quartz dolerite）

本岩为黑色至棕黑色斑状之岩石，成为狭长岩脉，穿入黄蜂塘石英斑岩之两侧附近灰岩内，走向亦为东北—西南。此外在太子壁与简里之间及大窝里东侧山边，亦有零星露头，似系岩株（apophysis）之产状。斑晶为石英、长石及辉石等。石英略成圆形，径自2mm~7mm，为量颇多。长石为正长石及钠长石，晶体更大，可达25mm。辉石为黑色短柱状晶体，结构完全，径自2mm~10mm。石基色黑质细，大致亦为石英、长石、辉石、角闪石等所组成，非在镜下不能辨别。本岩外形，酷似辉绿岩，以含石英斑晶，故定为石英辉绿岩，一部分风化之后，则成为棕黑色至棕灰色。

（10）长英岩

本岩为灰白色或淡黄色细粒状组织之岩脉，仅见于九龙山、竹山之间，贯穿于粗粒肉黄色花岗岩之内，与石英脉相距不远，宽约（3cm~4cm）~10cm，其中成分，仅有长石与石英两种。

（11）石英脉

本岩成脉状构造，在花岗岩区域之边部，分布最广，脉之宽度，约自30cm至2m不等；其最显著者计有鸭婆坑及石栏窝两处，其次当推九龙山一处。石英脉走向，均为东北—西南。在鸭婆坑者，石英脉乃由花岗岩内伸出，其顶端一段穿入灰岩之内，脉之两旁，所起云英岩化作用颇烈，其中含电气石、白云母、石英、绿帘石、萤石、长石等矿物颇多。脉内除乳白色块状之石英外，未有矿质之寻获。在石栏窝方面之石英脉，亦生于粗粒肉黄色花岗岩之内，其边部变化较为微弱，脉内亦无矿质之存在。

以上所述各种火成岩，大致以蒙山之西北与西南两部分，较为复杂，种类亦最多，其成分已有变异，东部一带，仅有组织上粗细之不同，其颜色及成分，仍与中心部分，互相一致也。盖蒙山西部水成岩内，断裂带较多，因之岩浆在该部之分化情形，遂亦较甚，一部分趋于酸性岩，生成排子山之正长斑岩及石栏窝之石英斑岩、石英脉等，一部分趋于碱性岩，则生成黄蜂塘及大窝里等处之石英辉绿岩。若将二组岩石成分配合之，仍与中心部分之花岗岩成分相当也。又自蒙山中部趋向西北，花岗岩自红色粗粒而灰白色粗粒近而灰白色细粒，最后为灰白色斑岩，其间亦有递变之线索可寻。大致在中心部分，以正长石为最多，渐向边部，正长石之量仍不变，而斜长石渐渐加多，石英之量，逐渐减少。将近排子山时，石英地位，几完全为长石所占有，其分量甚为微少矣。自蒙山中部趋向西南，由红色粗粒花岗岩，递变为肉黄色略粗粒花岗岩，乃系微斜长石，钙钠长石及石英渐多之故。凡此成分上之变迁，亦均系受西北边部与西南边部岩脉分化之影响所致。

火成岩之侵入时代，大致与安徽之繁昌铁矿，湖北阳新铜矿以及赣北星子浮梁瓷土矿等之母岩，同一时期，当亦属白垩纪燕山运动之后期侵入者也。

（四）花岗岩周围变质情形

蒙山花岗岩，几完全侵入于二叠纪阳新灰岩之内，故其沿边一带所起接触变质情形，彼此颇相类似，如大理石、榴子石与硅灰石等，其最普通者也。唯西北、西南两部分火成岩分化较烈，且伸出不同之岩脉颇多，因之其围岩变质情形，亦互有不同之处，尤以西北之渔坑及西南之九龙山两部分，最为复杂。今将蒙山花岗岩之四周变质情形，分述于后。

1.渔坑

在渔坑之西南附近，有小坑名圳仔坑，花岗岩与石灰岩接触变质情形，甚为复杂，此花岗岩即向蒙山西北角之排子山伸出而变为正长斑岩者，故该方面之岩浆，硅质稍低，即石英脉及岩内石英之量，甚为罕见。在接触变质带内，生成新矿物颇多，计有石榴子石、硅灰石、透辉石、斜方角闪石、透角闪石、绿帘石、正长石，以及绿泥石、方解石、蛇纹石、矽线石等。

石榴子石（garnet）作油绿色，晶体集合体多。每一晶体径约7mm，作十二面本结晶，互相挤聚，甚为美丽，由色泽上观之，当系钙铝榴石（grossularite）。此外又有一种为块状结晶者，亦作油绿色，生于石灰岩附近巨块矽灰石之中，为量不多，内含黄铜矿、斑铜矿少许，其与前一种石榴子石之关系，颇不清晰。

硅灰石（wollastonite）为白色绢丝状之集合粗长晶体，生于大理石附近，为数甚多：有时厚至1m~2m，薄者亦在0.5m左右：犹有一部分硅灰石晶体最细者，互相集合，似呈脉状构造，宽约6cm，穿入大理石或石灰岩之内，使其两旁大理石或石灰岩内细粒方解石，再度结晶，变为粗粒而呈蓝色与绿色之集合晶体。脉之中心，且含有辉铜矿细片颇多，此种美丽现象，甚为奇特。本矿镜下光性为（－），消光角32°。

透辉石（diopside）分棕绿色及棕灰色两种，各呈放射状之结晶。每一晶体，长自3mm至13cm，硬度约为5°。棕灰色者，谓透辉石，显微镜下干涉色各甚强，光轴角甚大，光性为正，折光率自1.6715~1.6770，消光角约40°。但在同一接触带内，生成两种颜色不同之透辉石，实属奇异。本矿物群每与方解石结合一处，呈自形晶体，其生成似较方解石略早。唯棕灰色者，生于正长石群及硅灰石群之间，亦作带状构造，厚约2m~3m。显示蒙山西北边缘变质甚深，故矿物组合，亦甚复杂。

斜方角闪石（anthophyllite）为草绿色细长而亦呈放射状之晶体。每一晶体，长者可达6cm，宽约1mm~4mm，镜下显示平行消光现象，光性为（+）。本矿各放射晶簇，集合成块，厚度至少可达30余厘米，内夹钙铝石榴子石少许。其生成略较石榴子石为迟，且多偏近于火成岩方面。石灰岩方面，则甚稀少也。本矿一小部分风化之后，每变为深绿色之绿泥石（antigorite）。折光率稍高，本矿似亦系透辉石之一种，近于绿透辉石（salite）。按salite有45°消光角，本矿物平行消光现象颇著，又觉难解者也。姑并志于此，以待来日证实。

正长石（orthoclase）生于接触带之火成岩一边，为灰褐色及灰白色板状晶之集合体，共厚15cm，其中微含细粒石榴子石、绿帘石、石英及磁铁矿等。正长石在镜下观察之，单斜系晶体，甚为完全，无双晶之存在，光性为（－），晶面每见尘状高岭土及绢云母之微细晶体，当系后来变化之结果。此种正长石之晶粒集合体，每结成带状构造，而与接触带互相平行。

透角闪石（tremolite）为白色微细羽状之晶体，生于角质岩（hornfel）之表面，分量甚少，有时集合似成片岩，作深灰色至白色，当系灰岩内之杂质经接触变质而成。镜下光性亦为（-），消光角为16°。

蛇纹石（serpentine）生于大理石内，有时亦作带状构造（banded structure），乃为块状绿色之矿物。光泽如蜡，与方解石密切共生，其附近每有少量斜方角闪石及透辉石之存在，似系后期矿液与先成透辉石等互相变化之结果。

方解石（calcite）生于大理石或变质灰岩之内。颗粒甚粗，分为白色、绿色、蓝色三种。白色者甚为普遍，绿色与蓝色者，每与硅灰石，互生一处，较为少见，其色泽似系内部不同杂质之反射所致。

绿帘石（epidote）为量顿少，生于正长石群及黑色角质岩之内。作淡绿色或黄绿色，光性为负（-），硬度甚高，有时晶体亦颇完全。

线泥石（antigorite）生于辉石及角闪石之表面。作黑绿色，分量亦颇少。

石英（quartz）在本接触带内，分量最少，以与正长石共生者为较普通，仅成为细小圆粒之存在而已。

矽线石（sillimanite）专生于一部分黑色角质灰岩之内。成为白色放射状之晶体，细长如丝，与透角闪石及硅灰石颇相似，唯光性为（+），是其大别也。

角质岩（hornfel）在接触带内，颇为少见，分白色及黑色两种。黑色者，或系阳新灰岩中之燧石层（chert layers）所被变质而成，白色者或为大理石再度变质而成，即所谓角质灰岩（jasperoid limestone），其中除矽线石、透角闪石、绿帘石外，更含有黄铁矿、磁硫铁矿之细脉颇多，均无经济价值。

大理石（marble）为石灰岩经接触变质而成。在蒙山花岗岩体之四周均有之，厚薄不一，厚者可达50余米，洁白质致细，可资利用，尤以渔坑对面之排子山及小石山一带所产者为佳。圳仔坑方面之大理石层，就露头观察之，厚度亦有10m左右，其中每含辉铜矿、孔雀石、蓝铜矿等细脉颇多。

渔坑接触变质岩内所见之矿物，已如上述。此种矿物组合，或有一定之位置，或随变质深浅而异其分量。大约在花岗岩方面，以正长石、斜方角闪石、透辉石为较多，至石灰岩或大理石方面，则硅灰石、石榴子石渐渐加多，斜方角闪石及透辉石渐渐变少。显示自花岗岩至石灰岩，矽质逐渐减少，钙质逐渐加多，接触矿物排列甚有秩序也。大理石内之辉铜矿细脉，或系后期热液变质作用之结果，而与接触变质，并无关系也。

2. 石栏窝

在岩山崬与石栏窝之间，肉黄色花岗岩中，有石英斑岩脉向西南伸出甚远。岩脉两旁与灰岩接触变质情形，亦甚复杂，唯接触带甚狭，仅有 20cm 之宽度。最先生成者，乃系块状石榴子石，棕色斜方角闪石（亦颇似顽火辉石），再次为含矽灰石及棕色斜方角闪石之白色角质灰岩，又次为含黄铁矿细粒之黑色角质岩，又次为含硅灰石之大理石，最后为含硅灰石细条之石灰岩。其间自火成岩至石灰岩之硅质、钙质递变痕迹，亦甚显著。

3. 黄蜂塘

在黄蜂塘与太子壁之间，除石英斑岩伸入太子壁阳新灰岩外，复有石英辉绿岩小岩脉颇多，生于石英斑岩附近，走向彼此平行，亦为东北—西南。石英斑岩及石英辉绿岩，与石灰岩变质情形，亦复如渔坑力面之复杂：计获斜方角闪石、石榴子石、矽灰石、透角闪石、萤石、石英、锆石（zircon）、绿帘石、绿泥石、绢云母及少量磁铁矿、黄铁矿、褐铁矿等。在火成岩方面，以斜方角闪石、石榴子石、绿帘石、透角闪石、萤石、锆石为较多；在石灰岩方面，除其本身变为一薄层之大理石外，以含硅灰石、绿泥石、石英等为较多；其情形以黄蜂塘为最明显，确系接触变质作用。西南至太子壁村附近，含髓石灰岩，受石英斑岩之影响，多变为含绢云母之角质石灰岩，已渐变为热液变质作用。再西南至太子壁之矿洞时，并无火成岩之存在，石灰岩内仅有粗粒方解石，粗粒菱铁矿及少量绢云母而已，已完全趋向热液变化作用之境界矣。

4. 九龙山

此处为肉黄色粗粒花岗岩；渐趋边部，渐变为肉黄色细粒花岗岩，其与石灰岩接触变质之情形，以鸭婆坑至竹山一带为最著。所得接触矿物，计有巨晶钙铝石榴子石、阳起石、萤石、硅灰石、石英、方解石等。此为正常之接触变质作用，唯石榴子石晶体特别巨大，其直径可达 5cm 左右，阳起石（actinolite）晶体特别细长，可伸至 10cm 左右，亦呈放射状构造，且具有显著之负光性（−），均为本处花岗岩边部接触带内之特色也。又在九龙山细粒肉黄色花岗岩与粗粒肉黄色花岗岩之间，每含有石英脉及长英岩脉颇多，脉之两旁花岗岩，时常发生云英岩化作用（greisenization），生成电气石、白云母、石英、绿帘石及少量长石、萤石等，左右排列，甚为对称整齐。其中以电气石分布为最广，或联成脉状，排列于石英脉与云英岩之间；或组成羽状晶体，散布于云英岩及石英脉之内。当系接触变质之后，花岗岩之岩浆内一部分残余气体，随硅质余液由此处向外分泌而成。远者可伸至花岗岩体以外，亦即为自接触变质作用递变至气成变质作用之现象。

5. 太保庙

蒙山东部自太保庙经猪头山、鲤鱼形至观音壁一带，红色细粒花岗岩与阳新石灰岩接触变质之结果，亦生成石榴子石、硅灰石、透辉石、斜方角闪石及角质岩大理石等。石榴子石为棕色块状，亦有偶与石英、方解石共生一处。硅灰石分布更广，有时延伸甚远，而至附近未变质之灰岩以内，成为细长洁白之羽状晶体，自相重叠，甚为美观。其他透辉石、斜方角闪石等，亦有存在，为量均较少耳。

6. 陷田至圣济寺一带

此一段内之接触带，尽已夷为平地宽谷，无法推究其实际变质情形。仅知圣济寺对面之小石山灰岩，已完全变为大理石，陷田塘下间有白云石大理石之寻获。从可推知此一带接触变质情形，亦甚激烈。

（五）矿产分论

蒙山花岗岩体之四周，几完全为阳新灰岩。此种地质环境，实最适合于成矿上之条件，如太子壁银矿，其最著者也。它如大窝里之风化残余铁矿床，与太子壁相距甚近，似亦为银矿上部之铁帽，应有试探之必要，以冀得一新银铅矿体。至于渔坑钼矿及铜矿，虽为此次偶然所发现，其价值如何，亦须讨论。兹为条理清楚计，将各项银、铅、铁、钼、铜等矿，分地叙述之。

1. 太子壁银铅矿

（1）矿床（图二）

本矿居于蒙山花岗岩之西边附近灰岩内。矿洞实际数目，因山内草深箐密，无法探悉；此次调查，在太子壁与简里之间，共得五处，尽在太子壁山之北坡，洞口或向西北，或向东北，今以甲乙丙丁戊分志各洞，以便记述。

甲洞最低，在北坡330m处，距简里亦最近，约1.5公里。洞口宽约10m，向西南开入。灰岩倾向为南60°西。倾角约50°。矿洞斜度，与灰岩倾角同，即沿岩层开入，斜下30m许，即为大坑，峻黑不见下底，路径亦已破坏，不

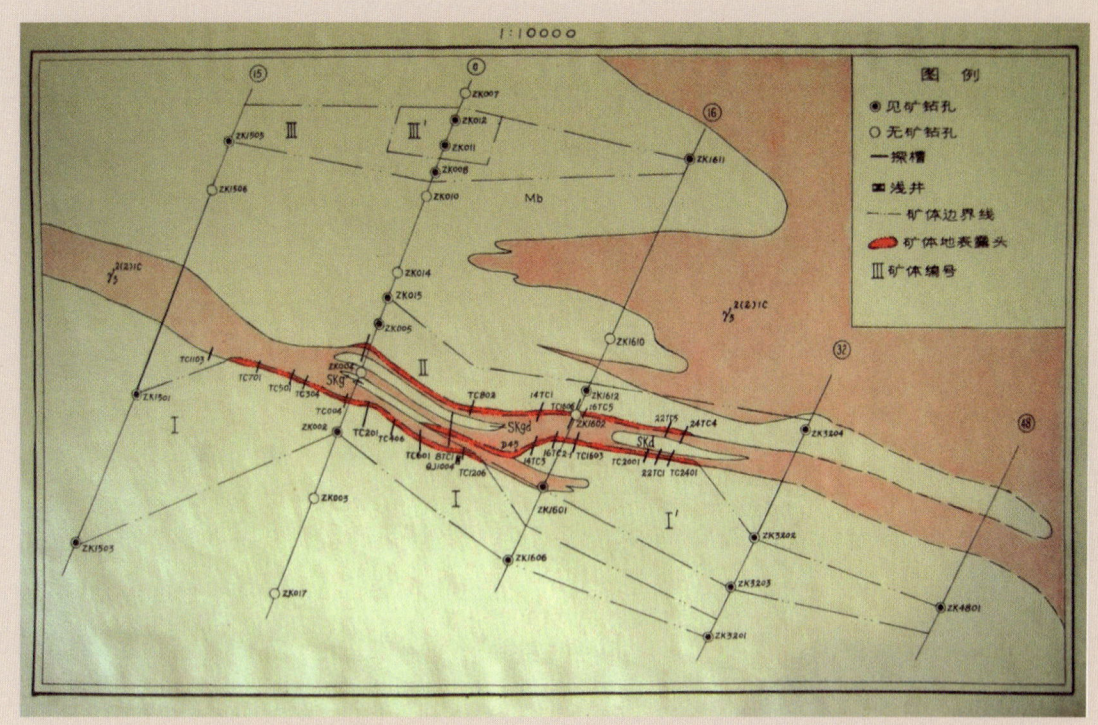

图二 太子壁矿区主矿体平面示意图

能下行。由此右行，另有横窿，宽约0.5m，沿岩层走向开入，倾侧难行，约行10余米，又通入前一大坑，再不能下。本洞四周围岩，并无铅矿寻获，仅有方解石、菱铁矿及褐铁矿、软锰矿等颇多，遗留于灰岩石壁之上耳。

乙洞正北坡350m处，位于甲洞之东南稍高处，距简里稍远。洞口宽约4m，高约2m，亦向西南开入，斜度约50°，深入约20m，即被填塞。

丙洞在北坡440m高处，距简里更远，约2.5公里。由乙洞向东南上坡，约行1公里，始可抵达。洞口石壁所刻宋明碑文，即指此扁槽也。洞口向正北，沿岩层向下开入约10m，即向右转弯，平行5m许，复为直井。其下部均系石块填塞。四壁灰岩内，除黑色次生铁锰矿及次生石英细脉外，亦仅残留方解石与菱铁矿之巨晶而已，几经搜寻，终无方铅矿遗块之见及。

丁洞为太子壁最高最大之洞，内部规模甚大，居于太子壁北坡一小谷内，即在丙洞之右侧转弯处。高度为442m，洞口向东东北，隔山正对太子壁村，矿洞亦在灰岩之内。洞内亦分两洞，一为平窿，向西南开入，初甚宽广，高16m~17m，宽12m~13m，底部甚窄，仅2m许，由此平入50m许，即趋尖灭，再无窿道。四壁灰岩内，亦有菱铁矿、方解石等巨晶，与软锰矿、褐铁矿等细粒，聚成零星团块，显示窿道所经之处，尽系矿体之遗迹。另一洞在入口 3m 之右侧，初系吊井，深约 7m，由井底再向右行，变为一大坑，深约 5m，其底部满堆石块，似亦系封禁时所填塞，实际深度，当不止此。坑之宽约 8m，其对岸石壁，微有透光罅隙，盖为丙洞上部之内壁也。此坑围岩情形，亦与横窿所见相似，而无方铅矿遗块之寻获，察其底部填石，似与丙洞同有相当价值也。

戊洞在丁洞之东侧，并立一处，乃向东南开入。洞口深峻，已无石级，由此吊下 12m，再平入 5m，复为吊井，深约 3m~4m。由此下井再行 3m~4m，更有一吊井，深约 15m，其下即为平地，似系平窿，宽约 3m，长约 10m，向东转弯不知所往。考察时以每井留人拉绳，至此人尽绳绝而止。洞内两壁尽系灰岩，略含铁锰粉粒及方解石、菱铁矿粗一巨晶体。此处深度，低于洞口 30 余米，沿途原有石级，均经过去破坏，上下用绳掷引，颇为艰苦危险。洞壁情形，尽与以前各洞所见相同，似乎所过之处，被采甚净矣。

此外在丁戊二洞口左右侧，另有矿洞两处，约深 5m~6m 即止，情形相似，兹不具述。

以上各洞内部，宽窄既不一定，方向又多转折，绝似追寻矿体之踪迹而行。其形状如袋如房，乍宽乍窄，甚无规则。大致以丙丁戊三洞团聚一处，又有支窿颇多，复距火成岩体最近，当系富矿之中心区域也。

（2）成因

本矿在太子壁村之西南，距蒙山花岗岩体所伸出之石英斑岩露头仅 0.5 公里。洞内四壁石灰岩中，所有附生矿物，均为方解石、菱铁矿以及次生软锰矿、褐铁矿、石英等，并无其他高温矿物，足见本矿乃系中温热液矿床（mesothermal deposits）。盖蒙山一带，当系侏罗纪燕山运动之后，发生逆掩断层甚多，成为地层构造上最脆弱之区域，遂为下部火成岩浆所乘，生成大块蒙山花岗岩。其分比情形，已如前节所述。在太子壁方面，因有指状石英斑岩之伸出，其势甚锐，以至花岗岩内之含矿溶液，遂向此中乘机分泌而出，渗入太子壁石灰岩裂缝之中，沿途吞蚀溶化石灰岩，与之起化学上交换作用，因而生成多数银铅矿囊块，而与方解石、菱铁矿等相共生。观夫简里炉渣之多，对于矿体大小，可以想象得之矣。

（3）探矿计划

本矿由于简里炉渣之多，以及矿洞之大，洞壁之净视之，似乎过去开采已尽，故在万历二十三年，即行立碑封禁。按诸矿床理论，银铅矿体，亦限生于地表部分，似与停闭原因，暗相吻合。但就地质环境视之，本矿情形，与湖南常宁水口山之银铅矿体，极相类似。水口山之矿体，生于地面以下40m~230m之间。在230m至150m之间，以黄铁矿为最多；150m与100m之间，锌多铅少；100m以上40m以下，铅多锌少。今就太子壁各洞比较之，若自戊洞洞口向下至甲洞，高距相差亦有100m，唯甲洞过于偏西，距火成岩亦最远，与戊洞平距约有0.5公里之遥，其底部势难接入戊洞之下，且戊洞在30m之深处，则以其地距火成岩最近，而又开采尚浅，似乎仍有继续试探之必要，可求与水口山做一切实之比较也。

又在太子壁山之背后东南坡，大窝里之东南山上0.5公里许，距火成岩稍近之灰岩层内，每有次生赤铁矿层甚多，夹杂其中；矿层之内，更有菱铁矿、褐铁矿、硬锰矿、软锰矿、方解石以及次生石英细脉颇多。此种矿物，与太子壁矿洞四壁所见者，完全相似。最近有分宜人在该地沿层挖井开采铁矿，共有七八个井坑，深约1.67m或3.3m即止，另挖新井。所得铁矿，均挑往黄蜂塘之天主堂旧址，冶炼成铁，运销于新喻之水北街，每年农暇工作两三个月。天主堂旧址内有鼓风炉一座，工人八九名。据言每日可出生铁200kg，每200kg~250kg矿石，可熔成生铁50kg，售价40元云云。铁层位置，直距太子壁戊洞约600m，两相比较，似系铁帽（gossan）状态。目前虽为铁矿，其下部深处，或亦系银铅矿涔，颇属可能也。故在未来计划试探之时，对于此种矿层之下部，是否为银铅矿一问题，或更有提先证实之必要焉。其法即沿各旧井内铁矿层，向下追寻30m~40m，即可解决。

2. 渔坑钼铜矿

（1）位置

渔坑在蒙山之西北山麓，西距东湖约四里，其西南半里许为圳仔坑，地势低平，颇适于开矿场所。内有一小溪南北行，冬时无水。沿溪南溯30m，即抵山边，此一带沿溪地段，即于火成岩与石灰岩之横跨接触带。沟内露头，尚为清楚，所得接触矿物，亦以此段种类为最多，如前节所述石榴子石、斜方角闪石、透辉石、正长石、硅灰石、透角闪石、绿帘石、矽线石、绿泥石、蛇纹石等，均于此地带内寻获者也。

（2）矿床

本接触带之走向为西北—东南。所见接触矿物已如上述。金属矿物，亦颇复杂，计有辉钼矿、黄铜矿、斑铜矿、辉铜矿、黄铁矿、方铅矿等，就中以钼矿铜矿，较有价值，方铅矿甚为微小，更不足道。今为分述如下：

① 铝矿

本矿乃为银灰包片状甚软之晶体，金属光泽极强，触手即黑。在本接触带内，生于块状细晶硅灰石之内，为量殊少。一部分黑色角质岩内，亦尝有其痕迹。在其东南 2.5 公里许之石栏窝石英脉内，几经试探，反无存在，故知此种矿质，或仅限于花岗岩体之西北角，其生于细晶硅灰石之内者，两旁最外边为绿色粗巨方解石群，次为蓝色粗粒方解石群，继为粗长硅灰石晶体，最后中心部分，始为含钼块状细晶硅灰石。此种对称现象，似有交换作用存在其间。盖其最初铝质，本含于硅质溶液之内，可以生成正常之含钼铜石英脉。当岩浆与石灰岩接触变质之时，此种含钼之硅液，同时分泌于石灰岩裂缝之内，与灰岩起化学作用，外部之灰岩，重新结晶，成为绿色蓝色反射性之粗大方解石。因晶体加大，裂隙之空间，遂被减少，且有多余碳酸钙，无法逃避，乃与硅液互相结合，完全成为硅灰石，宛然办如脉状，愈趋中心，硅灰石挤聚愈密愈细，其变化情形，可如下式：

$CaCO_3+SiO_2+SiO_2 \rightarrow CaSiO_3+CO_2$

硅质内之辉钼矿，遂亦迳生于硅灰石之内。由两旁递变痕迹视之，此种假说，颇甚可能也。其生于角质岩内者，亦因含矿溶液内之硅质，已完全供给于组成角质岩之用，再无余液，生成石英脉，辉钼矿遂亦直接生于角质岩之上，其理与此，正复相同。又由排子山方面之正长斑岩视之，根本上蒙山西北角所伸出之岩浆，因分化之结果，硅质较为缺乏，换言之，即石英脉甚为缺乏，而钼质之与硅液，又为不可分离之物，故求在此地带内，欲得多量之辉钼矿，事实上恐甚困难也。本矿生于硅灰石之内，结晶温度甚高，在 1000℃ 以上，当仍属接触变质矿床。

② 铜矿

在圳仔坑同一接触带之块状钙铝石榴子石内，捡拾少数黄铜矿与斑铜矿之颗粒。其附近大理石内，又见有辉铜矿细脉颇多，而与孔雀石、蓝铜矿共生。

似乎此接触带内，除钼矿外，犹有铜矿之可能。黄铜矿、斑铜矿，与块状石榴子石密切共生，其为接触变质之结果无疑。辉铜矿之细脉，生于块状石榴子石附近之大理石内，当系热液变质作用所成，二者相去甚近，则知本区铜矿，乃为接触变质渐变至热液矿床。

（3）试探计划

就露头观察，本接触带内含有钼矿、铜矿，其情形与湖北阳新铜矿，颇相类似。就钼矿言之，目前虽仅生于细质硅灰石及角贡岩之内，为量颇微，若其左近忽有石英脉之寻获，则由接触变质矿床转入汽化矿床（最近安福方面已产钨矿，足见钨、锡、铋、钼等矿，不专限于赣南），矿量方面，或有增加之可能也。再就铜矿言之，斑铜矿与黄铜矿，均偏生于少量石榴子石之内，似乎矿量甚为有限，但其附近大理石内，忽有辉铜矿细脉，穿插其中，足见本矿已由接触变质矿床，跨入热液矿床之境界，其矿体亦甚有膨大之可能也。故以上钼矿、铜矿，不能单就地表观察，遂下断语，仍须合并试探之。先由人工将圳仔坑接触带之上层浮土，广为清除，使此带内情形整个明了之后，设法搜寻含钼石英脉，再就接触带附近之大理石，用黄药炸开数处，察其情形，与本文前节所揣测理论，是否符合？

3. 鸭婆坑

在九龙山与鸭婆坑二处，花岗岩之边部，亦成为舌状之伸出，其中且有粗细石英脉甚多，穿凿其间，尤以鸭婆坑南面下坡路旁所见一脉为最大，宽约2m，且其顶端已伸入于石灰岩之内。各石英脉之边部，云英岩化作用，颇为激烈，又含有电气石甚多，此种环境，颇易生成汽化矿床，如钨锡铋钼等矿，均有产生之可能。由于渔坑钼矿之发现，似乎此种石英脉，均宜试掘10m~20m，所费有限，即可决其有无矣。

4. 太保庙

太保庙处于蒙山花岗岩之东南角，为红色细粒花岗岩与石灰岩接触变质之处。此带内除寻获石榴子石、硅灰石、斜方角闪石等以外，附近太保庙西侧之荒地内，每有石英及次生铁锰矿之碎块甚多，出露其间，其情形似亦系铁帽之遗物。此处花岗岩与蒙山中心部分比较之，虽仅有组织上粗细之变异，而无成分上之分化，但其地点亦在花岗岩体之东南伸出部分（cupola），其下部或亦有银、铅、锌、铜、铁等矿之可能，而有趁便试探之价值也。

第二节　江西省上高县太子壁锡多金属矿区初查补充设计

原九〇二大队为适应国家四化建设的需要，结合本地区资源条件，决定对太子壁锡多金属矿区，进一步开展普查找矿工作。据此原四分队于1980年1月提交了江西省上高县太子壁锡多金属矿区初查设计（见图三），同年6月，大队下达了（80）902发字第42号文。1981年10月，赣西地质调查大队在（81）赣西地字第57号文中，要求编制太子壁锡多金属矿区初查补充设计，报局审批。原四分队根据局、队的要求，结合矿区两年来的工作实践，于1981年11月，提交了江西省上高县太子壁锡多金属矿区初查补充设计，经大队审批并报局，局于1982年2月，下达了（82）赣地地字第041号文。上述设计与文件，对矿区普查工作目的和任务均有阐述，归纳如下：

一、工作目的和任务

（一）目的

通过对本区的成矿地质条件，矿化特征，锡的赋存状态、选矿性能的初步研究，作出矿产远景的初步查评，并提出下一步工作的意见。

（二）任务

1. 开展对岩体接触带上矽卡岩中锡铜矿、松树山——银洞山含矿方解石脉铅、锌、银矿的初步普查工作，填制万分之一地质图。

2. 初步了解区内锡铜及铅锌银等多金属矿产的生成条件，了解与成矿有关的地层层位、岩性、地质构造、岩浆岩等地质条件和找矿标志，注意综合找矿、综合评价。

3. 通过系统采样测试工作，初步划分锡的矿石类型。用矿芯作试料，采取锡状态考察样，初步查明锡的赋存状态；对锡的可选性作初步探索；对锡的工业利用作出初步评价。对其他多金属和伴生稀有分散元素也需进行相应了解。

4. 在综合研究的基础上，对外围和深部的地质、矿产情况进行必要的了解。

三年多来，在大队和分队的直接领导下，通过矿区全体同志的努力，克服了重重困难，于1982年12月结束了初查阶段的野外工作，基本完成了上级下达的各项地质任务，并于1983年9月，提交了初查报告的送审稿。

二、工作概况

（一）普查工作时间及完成工作量

1979年8月，原四分队初步组成，9月，地质人员进驻矿区踏勘，编制设计。1980年至1982年间，开展野外地质工作；1983年2月初，全部人员撤离矿区，普查工作时间历时三年零五个月，完成工作量见下表。

工作量完成情况一览表

项　　目	单位	完成工作量	备注
1/万地质测量（草测）	平方公里	5·5	
机械岩芯钻探	米	12401·77	有效钻孔共51个
槽探	立方米	11851·75	
浅井	米	107·55	
1/2千剖面测量	条	8	
锡矿物质成分考察样	个	1	
岩矿样	个	330	
重砂样 人工重砂	个	5	
重砂样 自然重砂	个	14	
岩石光谱样	个	4551	
物质组份样	个	2	
化学样 劈芯样	个	1616	
化学样 刻槽样	个	264	包括三个拣块样
化学样 物相分析样	个	77	
化学样 硅酸盐样	个	7	
化学样 小体重化学分析样	个	57	

为配合对本区的查评，原二分队曾于1980年至1981年间，开展了土壤测量工作，完成面积约6平方公里，1983年5月，提交了"江西省上高县太子壁工区物化探工作报告"。

第一章　蒙山地质矿床

（二）获得主要地质成果

1. 初步查明区内为一锡多金属矽卡岩型矿床

矿体分布范围：东自48线，西至39线，北起蒙山岩体与栖霞灰岩接触带，南迄F34断层的南侧，走向长度2200米，南北宽约1000米。矿体则分布于15线至48线间。矿体分布标高为220米至690米。

2. 通过锡矿物质组份测试、物相分析、锡矿物质成分考察

初步查明地表以胶态锡为主；深部则以氧给锡为主，并伴有类质同相锡。锡的赋存状态比较复杂，有结晶较好呈针状、柱状的粗粒锡石，有白色细—隐晶质纤锡石，有细粒集合体锡石，部分锡呈类质同相存于脉石矿物中，少量黝锡矿，微量自然锡。

3. 储量概算结果

根据"矿产工业要求参考手册"所确定的锡矿工业要求，对锡矿进行了储量概算，全区获锡矿石量：568.9万吨，锡金属量：20708吨，锡平均品位为：0.39%。按氧化锡平均含量占全锡的55.16%计算，其中氧化锡（即锡石，下同）中的锡金属量为9918.4吨。

三、交通位置及地理概况

（一）交通位置（图三）

太子壁锡多金属矿区位于上高县城南偏西25公里，地理坐标：东经114°51′~114°55′；北纬28°03′~28°05′，隶属宜春地区上高、新余两县所辖，面积约5.5平方公里。矿区内有简易公路，通往大庙，从大庙有正规公路与上高、新余、宜春、南昌等地相通。

（二）地理概况

区内山脉走向呈北西—南东向，南东高，北西低，地形复杂，切割强烈，地形坡度常有四十度以上，银洞山一带常见悬崖陡壁。海拔高程200米~824米，属中低山区，区内无大的地表水，仅有季节性的山间溪流，矿区北东侧，有两座小型水库，山坡及沟谷中有零星泉水露头，是当时人民生活用水的主要来源。

气候温湿，雨量充沛。年平均温度为17℃左右，夏热冬冷，年冰期约为1个月。1—6月为雨季，7—12月为旱季，雨季期间，常有大雾笼罩。

当地人民以林、农为业，林业产有竹木，农业主要种植药材、少量水稻、

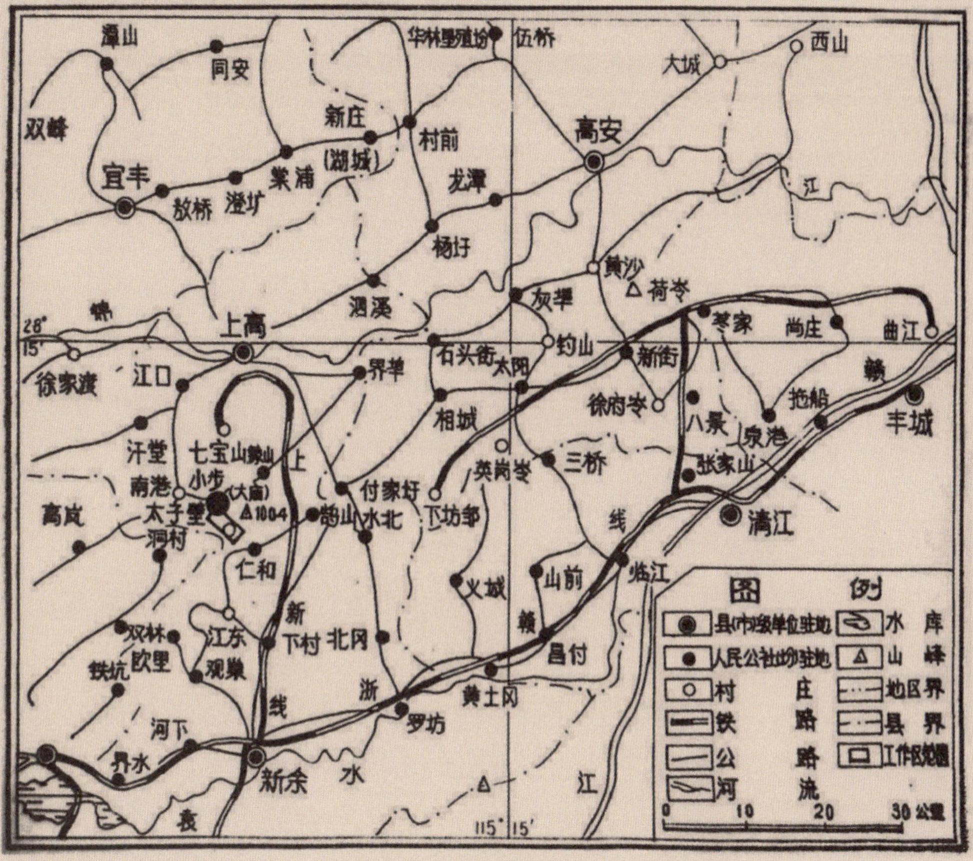

图三　太子壁交通位置图

杂粮,盛产茶油、生姜,粮食主要靠国家供应。

四、以往地质工作评述

(一)以往地质工作概况

本区在新中国成立前后,先后多次进行过地质工作,现将以往地质工作概况简单列于此:

以往地质工作情况表

时间(年)	工作单位	工作程度	完成工作量	主要资料、成果
1197		开采银		《读史方舆纪要》八十四卷
1940	南延宗等			《上高县蒙山地质矿产》
1955	中南地质局踏勘组	踏勘		江西省新余县蒙山太子壁铜铅矿踏勘简报

续表

时间（年）	工作单位	工作程度	完成工作量	主要资料、成果
1959	宜春305队	普查		《未见资料》
1962	907队五分队	普查		上高县太子壁铜矿区详查报告
1965—1966	902队六分队	普查	钻探2057米 探槽7484米^3	上高蒙山渔坑至太子壁地质工作小结
1966—1967	902队普查小队	普查找矿	探槽3288米^3	蒙山松树山矿区普查找矿报告
1973—1977	902队三分队	1/5万矿产普查		1/5万矿产普查报告

（二）以往地质工作评述

本区以往的矿产普查，大致经历了三个阶段。

自1197年银洞山一带的开采至1955年中南地质局踏勘组来区内工作这一期间，主要是普查银洞山的铅、锌、银矿，1947年有南延宗等人，1955年中南地质局踏勘组，先后来区内进行了工作，认为银洞山一带的含矿方解石脉，是以往开采银矿的主要对象，并认为主要矿体已经开采，残存不多，工作难以深入进行。

自1955年中南地质局踏勘组在区内发现含铜矽卡岩，至1973年九〇二队三分队在区内开展1/5万矿产普查这一期间，很多地质队先后来区内进行地质工作，目的是在区内寻找矽卡岩型铜矿及银洞山一带的铅、锌、银矿。

1977年九〇二队三分队进行1/5万矿产普查工作的后期，第一次在区内发现含铜矽卡岩中有锡矿存在，但其赋存状态不明，至此进入到锡多金属矿产普查的新阶段。

五、矿区地质

本区位于萍乐坳陷带的中段，蒙山背斜（即泥坑—乌老山背斜）西部倾伏端的南侧，蒙山花岗岩体的南西侧，区域上的主体构造线为北东东向，出露地层有：石炭系下统大塘组、石炭系中统黄龙组、石炭系上统船山组、二迭系下统栖霞组、茅口组，二迭系上统龙潭组，三迭系上统安源组等，燕山早期有黑云母花岗岩侵入，区域上断裂褶皱发育，岩浆多次侵入，为本区锡多金属矿的形成，提供了前提条件。

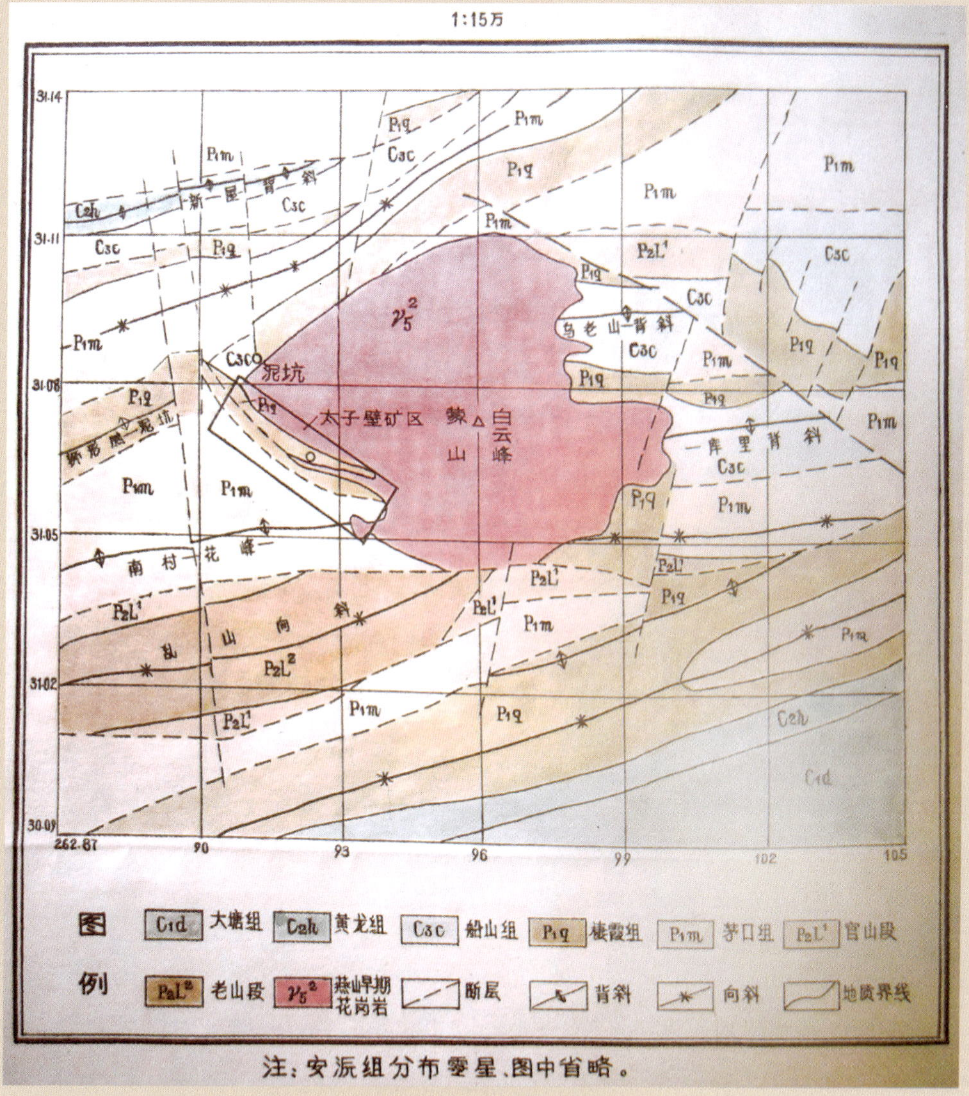

图四　太子壁锡多金属矿区区域地质略图

六、矿床特征

本区有锡、铜、铅、锌、银、金、钼等金属矿化及滑石、硅灰石、萤石等非金属矿化。金属矿化按其成因可分为矽卡岩型锡多金属矿化和热液型铅、锌、银矿化。前者分布在本区矽卡岩中，后者分布在松树山—银洞山裂隙带中。

（一）矽卡岩型锡多金属矿

矿体的分布、产状、形态及规模

区内有燕山早期花岗岩侵入于二迭系栖霞组和茅口组石灰岩中，在接触带及其附近形成一系列矽卡岩,随之有以锡为主并伴生有铜、钨、铅、锌、银、金、钼等的金属矿化。并在接触带上的矽卡岩中和部分层间裂隙中形成了一些锡矿体。全区共有锡矿体31个,其中主要矿体5个,小矿体26个,在平面上分布于39—48线间,主矿体位于15—48线间,垂向上位于标高220米~690米间,主矿体位于350米~690米间。

锡矿体呈似层状和透镜状赋存于矽卡岩中,矿体的形态受矽卡岩形态的控制,矽卡岩厚度大则矿体一般厚度也大,矽卡岩厚度薄则一般矿体厚度也薄,两者具明显的正相关系,矿体形态除受矽卡岩控制外,还严格受接触带的形态控制,无论是走向上或倾向上均随接触带的弯曲而弯曲,形似蚯蚓。矿区南西部岩体与围岩接触面比较平直,矿体形态也较规则,呈似层状,矿区中部和北东部小岩枝呈枝状插入围岩,接触面凹凸不平,因而矿体形态显得复杂,膨缩现象明显,并形成了许多透镜状小矿体。锡矿体常位于岩体顶面的凹陷部位及小岩枝上下接触带矽卡岩中,特别在岩枝呈多枝穿插部位矿化尤好。

全区有主矿体5个,编号Ⅰ、Ⅰ′、Ⅱ、Ⅲ、Ⅲ′、Ⅰ′、Ⅲ′号矿体,分别为Ⅰ、Ⅲ号矿体的从属矿体。小矿体26个,有部分出露地表,尚有部分为盲矿体,小盲矿体分布于48线到39线,编号为(1)—(18),地表出露的小矿体编号为(19)—(26)。

现将主矿体特征分述于下:

Ⅰ号矿体:位于矿区南西部,太子壁岩石南西侧,平面上位于15线至32线间,标高在251米~460米间,中段露出地表,两端埋入深部。矿体赋存于接触带外侧的透辉石石榴石矽卡岩中,有ZK3201、TC601、ZK1503等14个工程控制。15线至16线间矿体露头部位地表探槽按50米控制,局部达到35米~50米,控制程度较高,15线矿体斜长450米,仅有两个钻孔控制,16线至32线间沿走向长400米,只有两个钻孔控制,控制程度较差。矿体走向长1200米,平均斜长201米,最小厚度0.4米(假厚,下同)。最大厚度9.38米,平均厚度3.32米。矿体走向290°左右,倾向南西,倾角35°~45°,呈似层状产出,沿走向上变化较大,倾向上相对较为稳定。

Ⅰ′号矿体:位于Ⅰ号矿体北东侧,地表相距水平距离20米左右,平面上位于16线至48线之间,标高在531米~689米间,北西段露出地表,南东段埋入深部,矿体赋存于接触带上的石榴石矽卡岩和透辉石石榴石矽卡岩中,有

ZK4801、22TC1、8TC1等12个工程控制。32线至16线间地表探槽已控制到50米，深部有ZK3202、ZK1601控制，该区间控制程度较高，48线在倾向上已大致控制，唯32线至48线之间400米距离控制程度较差。

矿体走向长1000米，平均斜长约为156米，最小厚度1.13米，最大厚度13米，平均厚度6.43米，矿体走向280°左右，倾向南西，倾角20°~45°。矿体呈似层状平行于接触带分布，沿走向或倾向均有膨缩现象，地表矿体厚度由南东往北西有逐渐增厚的趋势。

Ⅱ号矿体：位于矿区中部，太子壁岩舌北东侧，平面上位于0线至32线间，标高在473米~672米间，绝大部分露出地表，有ZK3204、TC802、ZK005等9个工程控制。地表露头，探槽按100米间距控制，深部有ZK1612、ZK005、ZK015、ZK3204等控制。走向长800米，最小厚度0.97米，最大厚度5.83米，平均厚度2.57米。矿体赋存于接触带上的透辉石石榴石矽卡岩中，矿体走向280°左右，地表倾向南西，向下随着接触面逐渐转向北东，形成弯钩状，厚度由地表往深部逐渐变薄，沿走向或倾向均有分枝复合现象，与Ⅱ号矿体有关的矽卡岩厚度较大，平均可达10.30米，而矿体厚度较薄，平均厚度仅为2.57米。

Ⅲ号矿体：位于矿区北部，平面上位于15线至16线间，标高在356米~521米间，矿体赋存于接触带透辉石石榴石矽卡岩中，为一隐伏矿体。有ZK1611、ZK008、ZK1505等5个钻孔控制。本矿体在0线有ZK012、ZK011、ZK008三个钻孔控制，有ZK007、ZK010两孔圈定，故0线控制程度较高。15线和16线均只有一个钻孔控制，并且与0线间相距400米中间无工程控制，因而控制程度较差。矿体走向长800米，平均斜长152米，最小厚度1.39米，最大厚度14.09米，平均厚度5.91米。矿体走向北西，倾向南西，倾角0线至15线为15°左右。16线为58°左右。矿体呈透镜状，倾向上南西段厚，北东段薄，在0线剖面上呈蝌蚪状。在ZK008矿体厚度大于矽卡岩的厚度，矿体的一部分产于大理岩中，有关的大理岩均有石榴石化和透辉石化。

Ⅲ′号矿体：位于Ⅲ号矿体下部，距Ⅲ号矿体铅垂距离23米，平面投影图上与Ⅲ号矿体重叠。矿体赋存于接触带的绿泥石透辉石矽卡岩和绿泥石绿帘石石榴石矽卡岩中。平面上位于0线北段，标高422米左右。仅有ZK012和ZK011两个工程控制，为透镜状，推测长200米，斜长100米，平均厚度2.76米，矿体由ZK012向ZK011方向分岔成三层，尔后尖灭。

矿石的物质成分

1. 矿物成分

（1）矿物种类

据野外观察结合各种鉴定资料，综合本矿区有40种矿物。

金属矿物主要有：锡石、黝锡矿、赤铁矿、黄铜矿、黄铁矿、磁黄铁矿、磁铁矿。次要有毒砂、辰砂、菱铁矿、白钨矿、方铅矿、闪锌矿、自然铋、辉铋矿、辉铋铅矿、辉锑铋矿、硫铜铋矿、叶铋矿、黑钨矿、斑铜矿、孔雀石、硅孔雀石、铜兰、自然锡、碲硫铋矿、辉钼矿等。

非金属矿物主要有：钙铁榴石、钙铝榴石、透辉石、富铁钠闪石、萤石、方解石。次要有石英、长石、云母、绿泥石、绿帘石、硅灰石、阳起石等。经部分样品化学分析证实，尚有金、银元素存在，其赋存状态未查清。

矿物相对含量（重量百分比）表

矿物名称	锡石	石榴石	透辉石	透闪石	萤石	方解石	磁黄铁石	黄铁矿
含量（%）	0.37	32.30	23.50	5.57	10.82	6.80	1.13	0.49

矿物名称	黄铜矿	赤铁矿	磁铁矿	菱铁矿	绿泥石	云母	长石、石英
含量（%）	0.69	5.16	0.71	1.16	2.41	1.37	7.52

（2）主要矿物特征及共生组合

锡石：是本区的主要金属矿物，野外肉眼难鉴别，通过显微镜和电子探针发现。形态多样复杂，有长柱状、短柱状、针状、自形晶粒状和极细小粒状集合体。前五种形态的锡石结晶较好，粒度较粗大。柱状、针状、锡石粒度长0.05mm~0.2mm，宽0.005mm~0.05mm，自形晶粒状锡石粒度为0.01mm~0.15mm，呈淡黄色、黄褐色，分布在石榴石、透辉石、萤石、云母、透闪石、绿泥石、方解石等矿物间或矿物中，与黄铜矿、磁铁矿、萤石、石榴石、透辉石等矿物共生。极细小粒状集合体锡石呈淡黄色，粒度极细，一般为1u~5u，有的小于1u，只有通过电子探针及元素面扫描才能看到，产于磁黄铁矿、黄铁矿、黄铜矿、赤铁矿及脉石矿物中。据矿石组分样鉴定，尚有呈纤维状集合体的纤锡石。

黝锡矿：

含量少，颗粒极细，肉眼看不到，乃通过电子探针和显微镜所发现。其组成只含 Sn、Fe、S，而不含 Cu，成分为 Sn=13.75%~15.97%、Fe=50.47%~55.65%、S=30.57%~33.51%，反射色为褐色，具清楚的双反射极强的非均质性，产于磁铁矿的边缘形成周边结构。

黝锡矿经强烈氧化、分解后形成白色非晶质的锡的氧化物——锡酸矿，分子式为 $SnO_2 \cdot nH_2O$，又称胶态锡。

黄铜锡：

一般呈不规则块状及自形晶粒状，块状者一般粒度为 0.026mm~1mm，自形晶者一般粒度为 0.005mm~0.05mm。与萤石、黄铁矿、绿泥石、绿帘石密切共生，局部与方铅矿、闪锌矿共生。多数赋存于矽卡岩、云英岩中，氧化后变为孔雀石和铜兰。

钙铁榴石（并含有钙铝榴石）：

是本区矽卡岩主要矿物之一，含量较高，分布较广。呈浅黄绿色，浅黄色、深绿色，一般为菱形十二面体、四角三八面体或两者的聚形，具明显的环带状构造和双晶，一般粒度为 0.03mm~1.5mm。经物相分析石榴石中含全锡 0.56%，其中酸溶锡为 0.31%，酸不溶锡为 0.21%。经电子探针及显微镜观察，石榴石中含有细粒锡石。还有部分锡可能呈类质同相存在。石榴石形成两个阶段，早期形成者色浅，粒度较细，呈团块状和星散状分布于矽卡岩中。后期形成者色深，粒度较粗大，集合体呈脉状交代切割前期形成的石榴石。局部石榴石被后期的绿泥石交代。

透辉石：

也是矽卡岩中主要矿物之一，仅次于钙铁榴石，呈蛋白色，浅绿色，多数呈不规则粒状集合体及轴面发育的短柱状，少数为放射状，一般粒度为 0.01mm~0.20mm。多数分布在矽卡岩中，少数呈团块状或脉状分布在大理岩中，由两阶段形成，早阶段形成的透辉石粒度细小，呈粒状的短柱状堆积，后阶段形成的透辉石粒径较粗大，集合体呈脉状交代切割前阶段细粒集合体。

萤石：

是本区锡、铜矿中普遍出现的矿物，多数为白色、无色，少数为紫色、绿色，一般呈粒状和块状，星散分布，也有呈脉状切割石榴石和透辉石。各处含量不一，一般为 1%~5%，局部含量较高，可达 75%~80%，与黄铜矿、绿泥石密切共生。

（3）矿石化学成分

光谱分析结果：

为了解矿体中伴生元素情况，在主矿体中取了61个样做了光谱半定量全分析，同时考查样和物质组份样也做了光谱分析。考查样样品全取自于矿体，其中18个样取自主矿体，因此具有代表性。

考查样光谱分析结果

元素	Sn	As	Cu	Pb	Si	Sb	Mg	W	Mn	Fe	Ge
含量（%）	≤1	≤0.01	0.2	0.003	>10	0.01	0.2–1	0.03	≥1	>10	0.003

元素	Bi	Ti	Ni	Ne	Be	Ge	Tn	Al	Mo	K	Ag	V
含量（%）	0.01	0.001	0.001	0.3	0.01	>1	0.001	≥5	0.001	>1	0.003	0.001

从上述分析结果看矿体中 Sn、Cu、Ag 含量均较高。

化学分析：

本区主要矿体中没有专门做组合分析，仅做了基本分析，考查样和物质组份样曾做了多元素分析。

物质组份样多元素化学分析结果

元素		S^n	Cu	Wo_3	Pb	Zn	Ag (g/T)	Mo	Bi	As	Ni
含量（%）	RZ_1	0.658	0.24	0.106	0.07	0.031	——	0.0015	0.025	0.0018	0.002
	RZ_2	0.616	0.64	0.525	0.06	0.051	——	0.002	0.16	0.0117	0.003

元素		V	S	TFe	TiO_2	P_2O_5	Mno	Al_2O_3	MgO	CaO	SiO_2
含量（%）	RZ_1	0.003	0.02	20.38	0.02	0.03	1.74	3.51	0.98	17.48	43.86
	RZ_2	0.013	0.05	31.73	0.10	0.35	2.15	6.41	1.44	0.17	32.66

考查样多元素化学分析结果

元素	S^n	Cu	Wo_3	Pb	Zn	Ag (g/T)	Bi	Sb	As
含量（%）	0.37	0.24	0.05	0.02	0.033	13.65	0.033	0.046	0.005

元素	Mn	Fe	S	CaO	MgO	Al_2O_3	Na_2O	K_2O	SiO_2
含量（%）	0.41	10.17	0.53	30.75	4.26	2.46	0.15	0.81	35.35

主矿体化学基本分析结果

元素	Sn			Cw			WO₃		
	最小值	最大值	平均值	最小值	最大值	平均值	最小值	最大值	平均值
含量（%）	0.007	1.86	0.39	0.003	3.69	0.329	0.003	0.55	0.063

元素	Pb			Zn			Ag（g/T）		
	最小值	最大值	平均值	最小值	最大值	平均值	最小值	最大值	平均值
含量（%）	0.00	2.93	0.214	0.01	9.93	0.177	0.00	380	20.05

上述三种分析结果中，两个物质组份样取自Ⅰ′号矿体中的同一探槽，可代表氧化带矿体，考查样由23个单样组成，主矿体中占有18个单样，可具有代表性。

从化学分析结果看Sn、Cu、Ag含量均较高，与光谱分析结果是吻合的，考查样与矿体平均值对照，Sn的含量基本一致，而平均值中Cu、Ag含量稍比考查样高，说明本区矿化以锡为主，主要的伴生元素为Cu和Ag。物质组份样中锡含量较高，可能因矿体中的钙、铁、硫等元素经氧化而流失所致。

矿石品位及变化：

全区共取得82个锡品位大于0.20%的质量点，主矿体中占43个，最低品位为0.2%，最高品位为3.93%。综合全区，锡品位变化有如下一些特点：

第一，块状构造。

第二，脉状构造：细粒锡石集合体呈脉状贯穿黄铁矿及矿石中。

（4）矿石类型

按岩石类型可分为：

石榴石矽卡岩锡矿石：主要脉石矿物为石榴石，少量透辉石和方解石。该类型矿石含锡品位较高，为主要矿石类型，分布在紧靠接触带上。

透辉石石榴石矽卡岩锡矿石：主要脉石矿物为石榴石，次为透辉石，少量方解石。该类型矿石含锡品位较高，为区内主要矿石类型，分布在接触带上或石榴石矽卡岩锡矿石外侧。

透辉石矽卡岩锡矿石：主要脉石矿物为透辉石，少量石榴石和方解石。该类型含锡品位较低，为次要矿石类型，占矿石类型的8%，分布于透辉石石榴石矽卡岩锡矿石的外侧。

石榴石透辉石矽卡岩型锡矿石：主要脉石矿物为透辉石、石榴石，少量方解石。该类矿石含锡品位较低，为次要矿石类型，占矿石类型的10%，分布在透辉石石榴石矽卡岩锡矿石的外侧。

除上述几种外，尚有矽卡岩化大理岩锡矿石、花岗岩锡矿石、绿泥石矽卡岩锡矿石、阳起石矽岩锡矿石及一些过类型锡矿石渡，锡品位均较低，所占比例也很少，不一一详述。

按工业类型分类：

锡矿石：为主要矿石类型，占矿石类型的35%。

铜锡矿石：为次要矿石类型，铜品位大于0.3%，占矿石类的22%，无规律地分布于矿体中。

除上述两种外，尚有钨、银铜锡、铅锌银锡等矿石类型。含量均较少，分布零星，不一一详述。

（5）锡的赋存状态

锡的赋存状态：

为了解锡的赋存状态，采取了锡矿物质成分考查样一个，由昆明冶金研究所进行了测试；还采了两个物质组份样和77个物相分析样，由本省局中心实验室进行了分析。现将各分析结果归纳于下：

含锡矿物及其产出形态：

地表以纤锡石为主；深部以锡石为主，少量黝锡矿，微量自然锡，部分锡以类质同相产于脉石矿物中，各种含锡矿物产出形态分述于下：

纤锡石：褐色、深褐色，为纤维状集合体，细晶——隐晶质无完好晶形，形态呈块状、粒状，粒度0.04mm~0.02mm。纤锡石主要分布于地表氧化带中。

锡石：产出形态比较复杂，有长柱状、短柱状、针状、放射状、自形晶粒状、极细小粒状集合体。颜色呈淡黄色。针状、放射状锡石产于云母、透闪石、绿泥石中，长柱状、短柱状、针状锡石产于萤石中，放射状锡石产于方解石中，细粒集合体锡石产于钙铁榴石、黄铁矿、黄铜矿、赤铁矿、磁黄铁矿、石英等矿物中，呈粒状嵌布及细脉状分布。锡石主要见于深部钻孔中。

黝锡矿：量少，仅在ZK008中见到，与硫化物共生。

自然锡：微量，仅在ZK3202中的J24样品见到两颗。

类质同相锡：

对钙铁榴石经电子探针及显微镜观察，在钙铁石中有细粒锡石，并以单矿物化学物相分析，钙铁榴石中全锡0.56%，其中酸溶锡0.31%，酸不溶锡0.21%，因此，还有部分锡在钙铁榴石中可能呈类质同相存在。

含锡矿物名称及状态	锡含量%	粒度m/m	可选性能
针状、柱状锡石	35	长：0.05~0.2 宽：0.005~0.05	容易被选取
粗粒锡石	15	0.01~0.15	容易被选取
细粒集合体锡石	28	0.001~0.005	不易被选取
呈类质同相的酸溶锡	20		不易被选取
黝锡矿	少量	0.003~0.01	
自然锡	微量		

注：上表中锡的含量是根据显微镜观察及化学物相分析综合后的大约估量，未经详细测量

锡矿的赋存状态：

区内锡矿的赋存状态，通过物相分析及测试，主要有胶态锡、氧化锡、硫化锡、类质同相锡等，上述各种状态的锡，其分布及变化有如下特点：

地表以胶态锡为主，在Ⅰ′号矿体中的14Tc3，于风化带的矿体中采取了两个物质组份样，其测试结果可以代表风化带矿体的一般情况。现将两个物质组份样的化学物相分析结果列表于下：

样品编号	Sn%	Cu%	Tfe%	硫化锡%	氧化锡%	胶态锡%
RZ$_1$	0.658	0.24	20.38	0.008	0.057	0.593
RZ$_2$	0.616	0.64	31.73	0.013	0.101	0.502

上表中的地表矿石样品，以胶态锡为主，RZ$_1$中为全锡的90.12%，RZ$_2$中占全锡的81.49%。

深部矿体中以氧化锡为主，锡矿物质成分考查样，采自钻孔的23个基本分析样组合而成，可代表深部矿体锡的赋存状态。

全锡Sn%	酸 溶 锡		酸 不 溶 锡	
	含量%	百分比	含量%	百分比
0.38	0.20	53	0.18	47

上表中的酸不溶锡，在本区来说主要是氧化锡，而酸溶锡则包括胶态锡、

黝锡矿、类质同相锡。

各矿体中锡的赋存状态：

在矿区内采取了77个物相分析样，41个分布在主矿体中，19个分布在小矿体上，对其分析结果分别按矿体进行统计，参见于下：

矿体类别	矿体编号	样品数（个）	总锡（%）	硫化锡含量（%）	硫化锡百分比（%）	氧化锡含量（%）	氧化锡百分比（%）	胶态锡含量（%）	胶态锡百分比（%）	备注
主	Ⅰ	6	1.1213	0.363	32.37	0.304	27.11	0.4543	40.52	1.RZ₁、RZ₂参加了计算。 2.本表胶态锡包括类质同相锡。
主	Ⅰ′	13	4.3021	0.2154	5.00	2.700	62.76	1.3867	32.23	
主	Ⅱ	4	1.548	0.023	1.49	1.450	93.67	0.075	4.84	
主	Ⅲ	18	5.332	1.446	27.12	2.332	43.47	1.554	29.14	
主	平均		12.3034	2.0474	16.64	6.786	55.16	3.470	28.20	
小		19	9.754	2.8733	29.46	4.974	50.99	1.9067	19.55	
总平均			22.0574	4.9207	22.31	11.76	53.32	5.3767	24.38	

上表中说明了Ⅰ′、Ⅱ号矿体以氧化锡为主，而Ⅰ′、Ⅲ号矿体硫化锡与胶态锡含量较高，一般认为胶态锡是由于黝锡矿（即硫化锡），经强烈氧化、分解而形成白色非晶质的一种氢氧化物——锡酸矿。但在Ⅰ、Ⅲ号矿体中的样品，是采自钻孔中，肉眼观察硫化物尚未氧化分解，其硫化锡含量又较高，故Ⅰ、Ⅲ号矿体中的胶态锡，大部分可能为类质同相锡。

锡的可选性能：

本区属初查阶段，对锡的技术加工性能未进行试验，根据锡矿物质成分考查样和物质组份样的结果，区内锡的可选情况如下：

1. 地表锡矿难以选取，RZ_1的氧化锡为0.057，占全锡的8.66%，RZ_2中的氧化锡为0.101，占全锡的16.40%，氧化锡含量很低，锡难以选取。

RZ_1淘洗矿石重量2750克，锡化学品位：0.658%，总锡的金属量为18.10克，RZ_2淘洗矿石重量2930克，锡化学品位：0.616%，总锡的金属量为18.05克。平均计算结果，RZ_1有91.12%的锡存于尾砂和泥级中，RZ_2有92.46%的锡存于尾砂和泥级中，因此，锡矿难以回收。

2. 深部锡矿石未进行可选性试验，据考查样成果，锡石含量约78%，其中难于选取的细粒锡石约20%，容易选取的粗粒锡石约50%，因此，推测深部锡矿石的可选性亦属难选取矿石。

（6）伴生元素

由光谱分析和化学多元素分析可知锡矿石中有铜、银、钨、铅、锌、金、钼等伴生元素，其中以铜、银为主。现分述于下：

铜：

铜矿化在71线至48线区间均可见到，深部标高200米左右（ZK018）仍可见，矿化主要赋存于矽卡岩中和云英岩中，部分在大理岩、石英脉、石英绿泥石脉中，全区共有铜品位≥0.3%的质量点89个，最小厚度0.08米，最大厚度13米，一般厚度1米~2米，最低品位0.3%，最高品位5.52%，一般品位0.4%~0.9%。其中Ⅰ号矿体中有9个点，厚度为1.39米~8.37米，品位为0.33%~0.90%，Ⅰ′号矿体中有8个点，厚度为1.43米~13米，品位为0.31%~0.58%，Ⅱ号矿体中有6个点，厚度为0.85米~4.30米，品位为0.33%~0.98%，Ⅲ号矿体中有5个点，厚度为0.43米~2.80米，品位为0.30%~2.37%。

铜矿物主要为黄铜矿，次为斑铜矿，少量孔雀石和铜兰，常与黄铁矿、磁黄铁矿、磁铁矿、方铅矿、闪锌矿共生，并与绿泥石、绿帘石、萤石等脉石矿物密切伴生，矿石呈块状、细状浸染状。

全区有51个点在赋存位置上与锡矿化点相吻合，品位变化上也有不很明显的正相关系，品位变化曲线形态基本相似。其余38个点为单独的铜矿化点或铅锌铜矿化点，这些点中锡含量很低，如ZK009J2、Cu1.97%、Sn0.012%、ZK7104J1、Cu3.32%、Sn0.005%等。

银：

本区矽卡岩中普遍有银矿化，若以10克/吨为伴生矿边界品位，可得54个银矿化点，平面上分布于55线至32线间。厚度为0.26米~10米，一般0.90米~2.20米，品位为10克/吨~267.5克/吨，一般15克/吨~40克/吨，其中Ⅰ号矿体中有7个，厚度为0.88米~10米，品位为13克/吨~177克/吨，集中在0线及其附近。Ⅰ′号矿体中有4个点，厚度为1.40米~4.00米，品位为14克/吨~26.6克/吨。Ⅱ号矿体中有2个点，ZK005厚度为4.57米，品位16克/吨。Tc802厚度为5.83米，品位25.1克/吨。Ⅲ号矿体中有3个点，厚度为1.05米~3.29米，品位11.6克/吨~267.5克/吨。

银矿化与铜矿化关系密切，无论是厚度上或品位变化上与铜矿化均呈正相关系。银的赋存状态目前尚未查明。

钨：

全区共有钨品位大于0.1%的质量点41个,厚度0.17米~7.39米,一般1.00米~2.00米,品位为0.1%~0.65%,一般0.13%~0.30%。分布在55线至48线间,有17个点赋存在矽卡岩中,9个点赋存在花岗岩中,其余赋存在大理岩、大理岩化灰岩和方解石脉中,质量点很分散,分布也无规律,不能连成工业矿体。

铅、锌：

全区有铅品位≥0.50%的质量点16个,厚度0.58米~10.67米,一般1.00米~3.00米,品位0.38%~4.51%,一般0.96%~1.33%。锌品位≥0.5%的质量点有10个,厚度0.50米~3.00米,一般1.20米~2.71米,品位0.55%~8.81%,一般1.00%~1.52%,矿化主要赋存在石榴石矽卡岩和透辉石矽卡岩中,少数在矽卡岩化大理岩和花岗岩中,质量点主要分布在16线地表部位,少数有0线、39线和71线,ZK011（Ⅲ号矿体）的139.90米~142.70米,厚2.80米,矿化较好,Zn为8.81%,Pb为2.47%,Cu为2.37%,Ag为267.5克/吨,Sn为0.16%。

金：

全区有42个样品做了金的分析,品位在0克/吨~0.8克/吨之间,平均品位0.174克/吨。

钼：

有151个样品做了钼的分析,品位一般0.002%左右,其中仅有7个样品大于0.03%,分布在矽卡岩和花岗岩中。

（7）储量概算

因矿体多数呈似层状,同时剖面线基本垂直矿体走向布设,探矿工程均沿剖面线或平行剖面线布置,因此本次储量概算采用矿体的平均线面积乘以走向长度再乘以体重和平均品位的方法计算。

矿体指标的确定

本区为初查阶段,本次概算参考1972年地质出版社出版的《矿产工业要求参考手册》确定：边界品位为0.1%,最低矿体品位为0.2%,最低可采厚度为1米,夹石剔除厚度为2米。

矿体的圈定

矿体的圈定按下述原则进行：

单工程矿体边界的确定

凡样品品位 ≥ 0.2% 者圈为矿体，中间样品位较高，两侧样品品位在 0.1%~0.2% 之间者，与中间样品品位加权平均后，平均品位 ≥ 0.2% 时，两侧样品也圈入矿体内，两层高品位之间，夹层 < 2 米的低品位或夹石，若加权后品位 ≥ 0.2% 时，也一并圈入矿体内。

走向上圈到有矿体的剖面或工程为止，一般不再外推。

倾向上相邻工程中一个见矿而另一个则无矿或有矿而达不到矿体要求时，按两工程间距的二分之一距离为边界点，如遇有自然尖灭现象时按自然尖灭处理。

Ⅲ′号矿体因只有 0 线控制，并且形态与Ⅲ号矿体相似，故在走向上由 0 线向两侧各推 100 米为走向长。

在矿体中，若偶有个别工程见矿而达不到矿体要求，但与同矿体工程平均后矿体品位达到要求时该工程也圈入矿体中，如Ⅲ号矿体的 ZK011，Ⅰ号矿体的 TC201 等。

矿体面积的确定

首先在剖面上用方法直接量取线面积，然后用算术平均法算出平均面积。

矿体走向长度

矿体平均品位的确定

单工程平均品位由样品假厚度和品位加权平均而得。

储量概算：

通过概算获锡矿石量 5689006.44 吨，锡金属量 20707.94 吨，锡的平均品位为 0.39%。其中氧化锡（即锡石）中的锡金属量为 9918.04 吨。

储量概算表

矿体号	参数 面积（m²）	长度（m）	比重（T/m²）	矿石量（T）	平均品位（%）	金属量（T）	氧化锡百分比（%）	氧化锡中锡金属量（T）
Ⅰ	474.25	1200	3.26	1855266	0.42	7792.12	27.11	2112.44
Ⅰ′	383.33	1000	3.26	124955.8	0.48	5998.35	62.76	3764.56
Ⅱ	228.33	800	3.26	595484.64	0.32	1905.55	93.67	1784.93
Ⅲ	641	800	3.26	1671728	0.26	4346.49	43.47	1889.42
Ⅲ′	486	200	3.26	316872	0.21	665.43	55.16	367.05
合计				5689006.44		20707.94		9918.40

（二）热液型铅、锌、银矿

1. 松树山——银洞山铅、锌、银矿化带：

古人在该区已采掘过银，老窿遍布，规模较大，39线~55线，间已断续采空，深部一号老峒水平长170米，垂深140米，尚未到底，峒宽0.50米~10.50米，一般为2米~3米，四号老峒水平长200米，垂深约120米，尚未到底，峒宽1~10米，一般为3.5米~4.5米。前人分为松树山北坡和银洞山两个矿体，并做了许多地质工作，采集了部分化学分析样，认为矿体主要赋存于含矿方解石脉上、下栖霞灰岩中，矿体厚度变化大，矿脉形态复杂，受北西和北东两组裂隙控制，并指出地下可能有较大而富的铅、锌、银矿体存在。

本次对太子壁矽卡岩型锡多金属矿进行初查时，对松树山，银洞山铅、锌、银矿化也投入了部分工作量，地表在填图时，对含矿方解石脉进行了追索，深部在71线、55线、39线用钻探工程进行了解。通过地表工作，松树山方解石脉与银洞山方解石脉可断续相连，同属一个矿化带。

矿化带由一组走向北西，倾向南西，相互平行并被方解石脉充填的构造裂隙组成，南东起于九号老窿（ML9），北西到81Tc1，全长1700米左右，带宽100米左右，地表见方解石脉4条，钻孔中见8条，其中以1号、2号脉为主。

1号脉：地表有1、2、4、13、14、18号老峒和79Tc2等工程控制，深部有ZK3902、ZK5501、ZK7101、4号老峒控制，走向长1200米，最大斜长250米左右，厚度0.44米~3.68米，从4号老峒开采情况看，矿化宽度一般为3.5米~4.5米，最大可达10米，走向北西，倾向南西，倾角35°~65°。

2号脉：位于1号脉北东100米左右，与1号脉近于平行。地表有3、5、6、8、9、10、11、19号老峒和39Tc1、55Tc1、79Tc1、87Tc1等控制，深部有ZK3901、ZK3902、ZK5505、9号老峒控制，走向长1700米左右，最大斜长250米左右，厚度0.37米~3.34米，从9号老峒开采情况看，矿化最大厚度可达5.92米，走向北西，倾向南西，倾角40°。

方解石脉体呈透镜状，透镜体大小不一，一般长2米~3米，厚10厘米~30厘米，首尾重叠连续排列。方解石为灰白色、乳白色，局部为棕褐色（可能为铁染所致），粗—巨晶，晶粒一般为0.5厘米~1厘米，大者达3厘米~4厘米。脉体两侧或两透镜体间往往有构造角砾岩存在，如ZK1503第10层，ZK5501

第17层，地表老峒中普遍可见。角砾由大理岩和灰岩、硅质岩角砾组成，尖棱角状，大小悬殊，无规则排列，具张性或张扭性断裂的特征。

矿化主要赋存于方解石脉及其角砾岩中，主要有铅、锌、银矿化，局部有锡、铜矿化。

松树山——银洞山矿化带高品位结果表

采样地点	样品编号	样长（m）	分析结果（%）					备注
			Ag（g/T）	Pb	Zn	Cu	Wo$_3$	
9号老峒	松14	0.50		0.37	6.23	0.066		原九〇二第一普查小队资料
	松15	1.00		0.98	5.55	0.17		
	松16	1.20	23.6	1.41	4.38	0.74		
	松17	0.60		0.46	0.39	0.064		
	松32	1.42	27.6	1.184	0.53	0.094		
	松33	1.20		1.23	4.15	0	0.66	
9号老峒人工露头	松30	0.80	1.90	0.20	0.11	0	0	
	松31	0.80		0.24	0.89	0		
18号峒	松1	1.10	46.3	0.047	0.71			原九〇二第一普查小队化验成果
	松2	1.15	13.1	0.14	0.67			
	松6	0.68	42.7	0.18	0.88			
1号峒	松7	0.90	34.5	0.037	0.10			
	松8	0.70	148.2	0.22	0.42			
20号峒	松9	0.90	12.5	0.089	1.40			
2号峒	松12	1.10		0.059	0.34			
6号峒	松13	0.75	108.6	1.41	0.43			
39TC$_1$	39TC-$_1$	0.20	6.0	0.04	0.02			九〇二队化验成果
	-$_2$	0.60	2.0	0.05	0.10			
	-$_3$	0.08	71.76	1.12	2.54			
55 TC$_1$	55TC-$_1$	0.37	6.5	0.02	0.02			
	-$_2$	0.70	5.5	0.09	0.14			
63线露头	63线露-1	0.45	3	0	0.13			
	-2	0.50	8.8	0.12	0.35			

续表

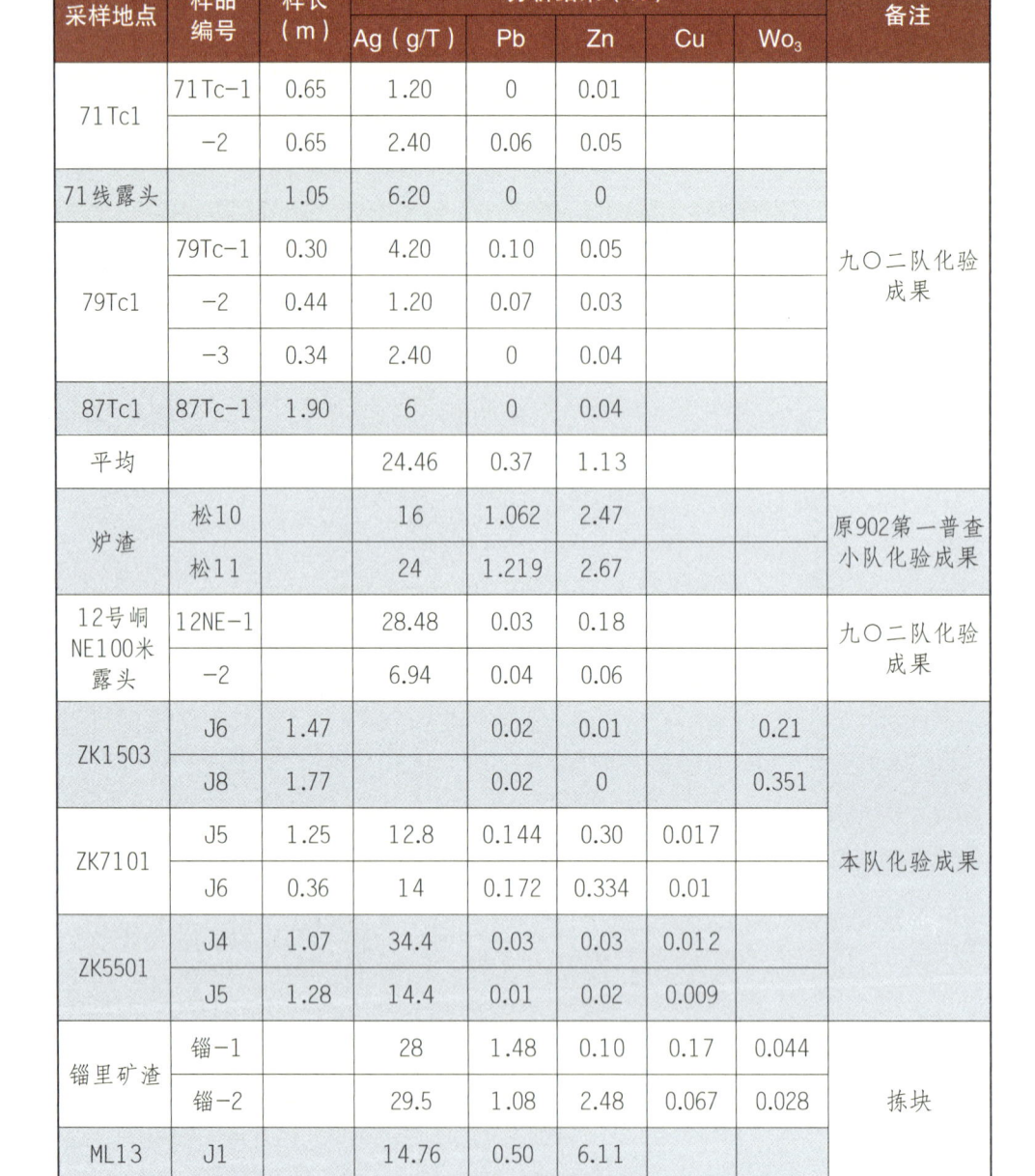

采样地点	样品编号	样长（m）	分析结果（%）					备注
^	^	^	Ag（g/T）	Pb	Zn	Cu	Wo₃	^
71Tc1	71Tc-1	0.65	1.20	0	0.01			九〇二队化验成果
^	-2	0.65	2.40	0.06	0.05			^
71线露头		1.05	6.20	0	0			^
79Tc1	79Tc-1	0.30	4.20	0.10	0.05			^
^	-2	0.44	1.20	0.07	0.03			^
^	-3	0.34	2.40	0	0.04			^
87Tc1	87Tc-1	1.90	6	0	0.04			^
平均			24.46	0.37	1.13			^
炉渣	松10		16	1.062	2.47			原902第一普查小队化验成果
^	松11		24	1.219	2.67			^
12号峒NE100米露头	12NE-1		28.48	0.03	0.18			九〇二队化验成果
^	-2		6.94	0.04	0.06			^
ZK1503	J6	1.47		0.02	0.01		0.21	本队化验成果
^	J8	1.77		0.02	0		0.351	^
ZK7101	J5	1.25	12.8	0.144	0.30	0.017		^
^	J6	0.36	14	0.172	0.334	0.01		^
ZK5501	J4	1.07	34.4	0.03	0.03	0.012		^
^	J5	1.28	14.4	0.01	0.02	0.009		^
锚里矿渣	锚-1		28	1.48	0.10	0.17	0.044	拣块
^	锚-2		29.5	1.08	2.48	0.067	0.028	^
ML13	J1		14.76	0.50	6.11			^

2. 松树山南坡热液型铅、锌、银矿化带

该矿化带本次未进一步做工作，前人有Tc1、19、QJ8等较密的山地工程控制。地表矿体呈北西—南东向延伸，长90米左右，形态复杂，矿体东端倾向南东，西端倾向南西，厚度为0.7米~3米（铅直厚度），变化较大，方铅矿、闪锌矿呈浸染状分布于灰岩中，品位较富，化验结果见下表。

化验结果表

工程编号	样品编号	样长（m）	Pb	Zn	Cu	Ag（g/T）	备注
Tc1	松18	1.30	1.22	2.27	0.51	/	九〇二队第一普查小队资料
Tc1	19	1.30	0.43	3.18	0.19	11.8	
Tc1	20	0.90	2.48	4.80	0.20	/	
Tc1	21	0.60	1.26	2.21	0.047	/	
Tc1	22	0.90	0.693	2.27	0.014	4.3	
Ⅲ19	26	1.30	4.30	1.75	/	/	
QJ8	29	0.70	4.269	4.52	0.038	17.9	

分析结果（%）列包含 Pb、Zn、Cu、Ag（g/T）

结　　论

1. 矿床的远景评价

（1）通过初查，对区内地层、构造、岩浆岩等进行了初步的了解，对锡多金属矿体矿化分布的范围已初步圈定，对锡的赋存状态，含锡矿物已基本查清，对锡的可选性能虽未进行试验，但通过矿石物质组份样的测试，已初步了解。

（2）本区为以锡为主的多金属矽卡岩型矿床，有钨、铜、铅、锌、银、金、钼等金属元素，其中以铜、银为主，锡矿虽有一定规模，初步资料表明，矿石中氧化锡的平均含量较低，容易选取的粗粒锡石含量较少，部分颗粒细小的锡石，目前选取矿难以回收，因此，近期内无须开展详细普查工作。

（3）关于银洞山铅、锌、银矿，前人认为古代开采银矿的主要对象是含矿方解石脉。据此次初查以稀疏钻孔进行深部探索的成果，证实含矿方解石脉是存在的，但方解石脉中矿化较弱，矿化分布零星，且极不均匀，无工业价值。

（4）区内存在有硅灰石、滑石、萤石、透辉石、透闪石等非金属矿化，尤其是硅灰石矿化分布比较普遍，钻孔中所见硅灰石厚度较大，部分埋藏较浅，是硅灰石等非金属矿的找矿线索。

2. 存在问题

（1）本区是矽卡岩型矿床，矿体的变化大，部分矿体形态较复杂，锡矿石的可选性又不够理想，故对矿体的控制，仅在0线北段适当加密控制，基本网度为400米*100米~200米，线距较大，对矿体的控制程度较差。

（2）银洞山一带的铅、锌、银矿，此次工作仅对方解石脉的含矿性进行了解，未进行老硐清理、调查。古代开采的主要对象是否就是这样含矿性较差的方解石脉，尚不能确定，对银矿山一带的铅、锌、银矿的控矿条件，尚待查明。

（3）对角砾状灰岩成因的不同认识：

在矿区 32 线至 48 线的茅口灰岩中，见有角砾状大理岩化灰岩九层，最厚者为 54.24 米（ZK3205）与大理岩、大理岩化灰岩、矽卡岩相同出现，岩石呈浅灰色，局部为淡黄色，具角砾状构造，野外观察：其角砾成分主要是大理岩化灰岩，次为燧石及次生石英岩等。角砾为棱角状，大小一般为 2 毫米 ~4 毫米，角砾含量约 20%~80%，为泥灰质、泥炭质胶结，近地表常为方解石胶结。通过镜下观察（两个岩矿样）：其角砾成分为安山岩。

对于上述角砾状灰岩，有同生沉积、构造成因、火山成因等不同的认识，此次初查中均按同生沉积观点进行编录，是否确切，尚难定论。

第三节　赣北蒙山花岗岩及其所生成矿产之研究

南延宗（1907—1951），原名南蒋康（图五），字怀楚，清光绪三十二（1907）生，毕业于南京中央大学地质系，是中国杰出地质学家，1942 年中国地质学会授予他"赵亚曾先生纪念奖金"，1943 年在中国首次发现铀矿。1950 年发现钼矿、铈钇矿等重要矿藏。1940 年，南延宗先生任江西省地质调查所技正期间，组织调查队深入到上高县蒙山银矿进行勘探调查，走遍了蒙山周边的山山水水，对蒙山区域的地质结构、矿床构造、岩石组成及类型以及蒙山区域的地质矿山形成原因进行了详细的勘探和研究，形成了翔实的调查报告，本文就摘自于南延宗先生的《江西上高蒙山地质矿产》。

蒙山花岗岩，出露于江西之北部上高、新余两县交界处，成一菱形之岩盘，侵入于二叠纪栖霞灰岩之内，自东南而西北，长约 10 km，东北至西南，宽约 7.5 km。花岗岩体之中心部分，晶体粗大，色泽甚红，渐近边部，渐变为灰白色自粗粒而细粒之岩石，最后复变为斑状组织，生成不同之火山岩多种，尤以西北与西南两部分为甚，每成为手指状之伸出岩脉甚多，如石英斑晶、长石斑晶、正长

1931年，南延宗先生与伍莲芸女士结婚

1943年12月，南延宗离开江西地质调查所时与同仁合影。
自左至右：寿振宇、蒋耀华、潘文坤、席承藩、詹　岩、陶瑞安、＊＊＊、熊功乡、＊＊＊、南延宗、
　　　　　＊＊＊、高平、陈尚宪、＊＊＊、夏湘荣、张治安、严坤元、钱枚生、＊＊＊、＊＊＊、章人骏、
　　　　　＊＊＊、＊＊＊

图五　南延宗

斑岩、石英辉绿岩、长英岩、石英脉等均有之，花岗岩沿边所起变质情形，甚复杂，所得变质矿物，计有石榴子石、透辉石、矽线石、阳起石、斜方角闪石、

第一章　蒙山地质矿床

透角闪石、方柱石、萤石、石英以及蓝绿白各色之方解石等。金属矿产，亦偏于西部，计有石榴子石内之黄铜矿、斑铜矿，硅灰石内之辉钼矿，大理石内之辉铜矿、孔雀石、蓝铜矿，以及距接触带稍远灰岩内之银铅矿等，铜矿钼矿分量均少，而太子壁之银铅矿体，分布则甚大，根据明末老洞之观察结果，该银铅矿似曾成为袋状房状之矿体甚多，洞壁遗留软锰矿、褐铁矿、菱铁矿，与粗粒方解石、细粒石英相共生，其产生情形，与湖南水口山之矿体，极相类似，当仍有可开之价值。此银铅矿体围岩内，并无高温脉石，其成因当亦系中深热液矿床。

此外在太子壁老洞西南600m许之大窝里东面，距岩脉稍近之灰岩内，见有风化残留锰铁矿层颇多，亦与菱铁矿、方解石、石英相共生，似呈铁帽状态，其下部或亦有银铅矿之存在可能，足资同时试探开发也。

第四节　矿山地质勘探大事记

1935年，江西省地质调查所高平、徐克勤等人对赣西地区（包括上高）进行了1∶5万地质调查。

1952年，地质部江西省办事处对蒙山太子壁做了普查踏勘工作。

1958年，宜春队对蒙山太子壁作了1∶2.5万地质调查。

1959年，航测904队对赣西地区（包括上高）作了航空磁测。

1962年，907队对新余—蒙山作了1∶2.5万水文地质调查。

1974—1976年，902队3分队与物化探分队对蒙山地区作了1∶5万区域地质矿产普查。

1980—1983年，赣西地质调查大队四队对蒙山太子壁渔坑作了1∶1万地质普查。

1978—1985年，赣西地质调查大队区调一队对上高、蒙山、泗溪、新余四个国际分幅作了1∶5万区域地质矿产调查。

第二章
蒙山历史文献与考古资料

第一节 矿山开发史

图六 《方舆纪》绘蒙山图

蒙山属幕阜山之余脉，雄峙于县城南30余公里处，南界新余，西接分宜，是上高县最高的山。蒙山主峰海拔1004.2米。总面积约113平方公里，上高境内约52平方公里。《方舆纪》载，蒙山因"峭壁横险，厥材千寻！常有白云青霭蒙蔽其上"而得名（图六），大小峰成椭圆形围拱在白云峰四周，形成主峰独秀，群峰峥嵘的格局。

据《江西通志》卷八之"山川"瑞州府记载，"（南）宋庆元六年（1200），有银铅坑冶"于蒙山，"并置蒙山务于上下"，证明此时官方已开始在蒙山开采银铅，至今，上高县蒙山太子壁，银洞壁遗存的银矿洞遗址仍历历可数，《宋会要辑稿·职官》四十八之一三六记载，开禧年间（1205—1207），江西转运使申奏，筠州申上高县银场"土豪请买，招集恶少，采银山中，又于近山清溪创立市井，贸通有无"。故同治版《上高县志》（上袭康熙志·嘉靖志·亦同）山川篇载："蒙山……在上高者，特其一面，而县南一带冈峦，皆其支脚，旧产银、铅。宋庆元六年，有银铅坑冶，元置银场提举司于此，故古谚有，'末山出草，蒙山出宝'之言，后历久矿绝，亏官病民，场遂废……山中峰岭甚多……最著名者亦汇录于左：多宝峰，在蒙山深处，宋庆元间，银铅发洩因以名山。夜合山，在蒙山鉴出银处，两山对立，嵌空玲珑，相传夜合昼出。宝盖山，在圣济寺之右，岌崖相倚，若幢幡宝山盖然，故名……"

又据同治版《上高县志》载："蒙山务在县南四十里，宋庆元六年，有银、铅民发洩（泄）于蒙山，于是即蒙山置场。元至元十三年，置提举司，拨袁、临、瑞三府民人三千七百户，粮一万二千五百石，办正课五百锭，又将炉内底锡，黄丹规划添办银五十锭，每年额办共七百锭。二十六年，每银一两，加粮五斗，总加粮一万二千五百石，本邑粮一万二千五百石，加额恢办。大德十一年，拨粮五千五百石，并户粮一万二千五百石，通计每年实拨粮五万石，办判课银七百锭后，因取矿年久，坑内深险，节用划道，把火照入，土石坍塌，人多被压，兼已无矿可取，累年银课亏欠。至正十年，提举陈以忠因取矿年久，坑内深险，将前项缘由申报革罢。至明洪武三十五年，户部行文查勘，勘得前项银坑俱久不堪再煎取，具各委官并里老邻匠作人等结状申送去讫。永乐四年，锦衣卫校尉杨冬告称，蒙山与瑞州，上高县地面相接，原有银坑，先年曾在彼起立炉冶，采取矿苗扇炼白银，户部复行文查勘，差办事官吴纛会同江西布政使司委理，问所提控案牍张凤，带领谙晓匠作人等，会集瑞、袁、临三府，县委官公同踏勘，看得前项银坑坐落袁州、临江、瑞州三府，分宜、新余、上高三县共十七处，除狗头脑等七坑坐落分宜新余二县该管外，其余十一坑系本县地面。每日人匠不等，用绳索将人悬下，每二月（人）带椎、凿、簏箩、油筒、串火各一件，逐一照下各坑，共取三十日，计人匠四百八工。取矿不等，委无真正矿苗，竟先选得焦矿一百八十一角力止煎炼到白银八钱五分解纳户部，复题差官到务，兴工查勘，计其所用工力数多，得银数少，不堪采取煎炼，请将前项银坑封闭。明万历间复开铅矿，而矿竟绝，以其亏官，病民，遂乃封闭。"

现将蒙山在元至元十三年（1276）置提举司后办，银课作一统计：

元·至元十三年 （1276）	500锭
至元二十二年 （1286）	700锭
至元二十六年 （1289）	500锭
至元二十九年 （1292）	500锭
至元三十一年 （1294）	不足220锭
元·大德十一年 （1307）	700锭
天历元年 （1328）	不足400锭

在至元二十九年以前，上高银场年银产量保持在三万两左右。

蒙山银场遗址，位于上高县南三十公里处的多宝峰，银洞壁、太子壁、洞垴上、垴子上等处，地处上高与新余、分宜三县交界之地的上高辖境之内，在银矿地质图引线——87线范围内，长1400米，宽200米，有开采银矿矿井遗址18处，（注：这是20世纪80年代初期地质部门所作的数据，2009年3月15—6月30日期间作"银坑普查时详细勘查年登记的则近三十处）。据上次地质队勘查资料记载，采矿最深最长的一、二号矿井（即现今重新编号的D01号的豪猪洞及扁槽洞D20—22号）矿井，垂直深度为140米，水平长170米，最宽处10.5米，最狭处0.5米，一般为2米~3米，原4号井洞垂直深度为120米，水平长200米，最宽10米，最狭1米，一般3.5米~4.5米，五、六号洞垂直深度为69米，水平长75米，最宽6.5米，最狭1.1米，一般1.5米~2.5米。上高县文物普查队于1982年12月14日，下2号井洞调查，发现井内基本沿岩层倾斜方向和岩层走向采掘，坡度一般30°~45°不等，是利用自然溶洞采矿，井内留有凿矿痕迹，因绳索用尽，下至70米深而返，采取了少量银矿标本和瓷碗片及铁灯架一件，是当年矿工井下使用过的生产工具和生活用品，银矿标本经化验分析，每吨含银量约148.2克。

上文中之所谓"一"号洞，即太子壁"扁槽洞相背反方向的一个大洞（向南），今次考察中分别析为"D19""D18""D17""D16"四洞——有可能是省地勘队有关提及的三、四、五、六号矿井。）

扁洞（原编号"1"，这次编号为"20"）北向沿香炉山，向西下行数百米，岩隙走向另有21、22、23、24号新发现的矿洞，及垴子上第25号新发现的矿洞，多呈岩溶地貌，而岩壁间查有人工凿痕及摩崖刻示禁堵之类公告。这些告示共五六处，数扁洞门口的较清楚，井口壁间约 2 平方米范围，虽部分毁损尚依稀可辨："此洞名扁槽，系里面因大石……/ 填塞一十五丈深，封……/ 禁永远，再犯者……/ 定问谴不饶口 / 奉委防守羊坡哨南昌卫中所功升百户范 / 奉瑞州府同知场，掌上高县事知县陈，县丞黄 / 通判沈，推官刘，典史李，主簿李 / 奉道按察司屯田副使朱 /（道按察司）右参议支 / 道按察司佥事方近奉 /（道按察司命令），羊坡哨范百户督同南里团 / 带领亲兵一百名督同乡兵，烟民一千余于 / 万历二十二年 / 起工，六月填塞磨子，扁槽等洞立碑封禁 / 万历二十二年春月，封禁堵塞。/ 宝祐三年六月户长曹仁七、廖花二、李沼九、晏辛三、简化二、陈春一、黄线二、曹……"

上述石刻中，既有万历二十二、二十三之纪年，又出现南宋理宗宝祐纪年，且字体大小，行文格式不同，显系宋、明两代刻文的重叠。

太子壁、银洞壁银矿洞，第一次开采于南宋庆元年间（1195—1200），停于宝祐三年（1255），当时曾由附近村户长立碑公禁，再查石刻之中所记各户姓氏，为曹、廖、李、晏、简、陈、黄等，均系现在四乡上简（曹）、下简（简）、简里（简）、赣田（廖）、东湖（李、陈）、白石（晏）、马屋（黄）等村。父老相传，今各村各姓后人谱牒相沿先后系宋时，元时陆续迁徙而来。

银洞壁、太子壁矿井遗址西约 2.5 公里处的鉴里村北侧，炉渣堆积如山，面积约 15.360 平方米范围内，炼渣厚度平均 10 余米，约 100 万吨，中间留有地坪一区，地势平坦，芭茅丛生，应是当年炼银炉址遗址，至今里人仍称之为"炉址坪（或炉子坪）"可证，据当年省地质队曾采样进行分析，每吨炼渣含银 10 克，含铅 1.11%，锡 1.91%，钴 0.006%，铜 0.196%，氧化锰 11.17%，氧化钙 11.57%，氧化镁 3.51%，二氧化硅 24.2%，二氧化铁 3.5%，氧化铁 34.55%，二氧化二铝 3.84%，铁的物相分析亚铁高，是冶炼炉温较低的缘故。

太子壁、银洞壁银矿的开采、冶炼史，对我国古矿冶业的发展及古代采冶技术的研究有很大的价值。蒙山银矿铸造的银锭迄今仍有藏品，1977 年 9 月，有媒体报道，吉林省农安县三宝广山出土的元统三年（1335）亚腰形银锭上錾刻铭文一为"蒙山银课""元字号"银锭重 1895 克；二为"蒙山银课""天字号"银锭重 1904 克。正面均錾刻有提调官、催办官、银库官、炉户、银匠等人名和年款。

1. 蒙山银课元字号银锭正面铭文"蒙山银课""元字号"横排，自右往左读；

竖排铭文全文为"提调官瑞州路总管府官 / 催办官新昌州判官拜伍将仕 / 收银库官刘自明 / 炉户口瑞夫 / "。

2. 蒙山银课天字号银锭正面铭文"蒙山银课" / "天字号"横排，右左读，上下两行于天头，竖排铭文为：瑞州路总管府提调官 / 官丁谅 / 库事易颧（观）文 / 炉户雷兴口 / 销银匠余珍可 / 至正十年　月　日造 / 。

蒙山银矿的开采经历的最后一个朝代为明代，无论在矿洞或冶炼区都采集到了大量的青花瓷片，有明早期的，也有天顺、正德、嘉靖、隆庆、万历诸朝的典型器物，根据文物断代及上述摩崖题刻，万历时蒙山矿被彻底封堵，因而在明万历中期后蒙山银矿也结束了其延续数百年的采矿历史。

第二节　矿业制品

元代银锭，直接出自银矿的岁课，目前尚未见诸报道。它的发现，为研究元代银及货币流通制式提供了极其珍贵的实物史料。

1977年9月27日至29日，吉林省农安县三宝人民公社广山店生产队一队社员，在村南一古河道旁挖沙子时，先后挖出两枚元代银锭。这两枚元代银锭，形制基本相似，均呈亚腰形，锭面中部微凹并錾刻文字，周缘泛水波纹，背部密布蜂窝状气孔，银锭质地洁白，含银量为百分之九十五。

现将两枚银锭铭文抄录如下：

一、"元字号"银锭（图七）

此枚银锭，锭首横书二行錾刻文字：

蒙山银课

元字号

下直书五行文字：

提调官瑞州判官拜住将仕

收银库官刘自明　炉户吴瑞夫

库子周世荣

图七　"元字号"银锭　　　　　　　　　图八　"天字号"银锭

消银匠易志周

元统三年　月　日造

此枚银锭重1895克，锭长17.30厘米、首宽11.53厘米、腰宽6.47厘米、厚1.87厘米。

二、"天字号"银锭（图八）

此枚银锭，锭首横书：

蒙山银课

天字号

下直书六行字：

瑞州路总管府提调官

库官丁谅

库子易观文

炉户雷兴吾

销银匠余珍可

至正十年　月　日造

此枚银锭重1904克，锭长15.70厘米、首宽12.02厘米、腰宽6.49厘米、厚1.50厘米。

新中国成立以来，宋、金、元时代的各种名目的银锭出土颇多，但就见诸报道来的资料看，能确认为元代银锭的约有四十余锭，其中部分锭身上有铭刻的文字，这些文字内容都为铸造银锭的官衙机构、职官名称和各级衙役工匠的职务、姓名，自身重量、铸造地点、年代以及私商店铺字号、街坊地名之类。

背铸有文字的仅见四例，三例为"元宝"二字，其中一锭只残剩一"宝"字，另一例是"平阳"二字。

器面文中自铭年款都较少，只见江苏句容、辽宁朝阳出土的二锭，均书"至元十四年"。有明确铸地的有三锭：一为江苏句容出土；一是辽宁朝阳出土，铭文曰"扬州"；另一锭是天津武清出土的，铭文是"平阳路"。

注明重量的有："五十两"二锭，"五十两二钱""肆拾玖两玖钱壹厘""伍拾肆两""伍拾两二钱"各一锭，今实测其中五锭的重量，元代每两约在31.3克至40克之间。

这四十余枚元代银锭，就其课目性质而论，均不十分清楚，仅记"平准""使司""税使司""课税所"等几类。

吉林农安出土的这两枚银锭，堪称元代银锭中的重大发现。它不仅形制规整，色泽纯正，而且铭文清晰，内容丰富而充实，是目前国内仅见的两枚铭文最长的元代银锭，"元字号"银锭，铭文五十九个；"天字号"银锭，铭文四十二个。它不仅有明确的具体铸造地点和年代，而且对于元代管理银矿的机构、设置和官吏以及它们之间的职责、关系、银锭编号等方面记载详尽，据今披露的出土或传世各种银锭资料来看，直接出于银矿的岁课银锭，在国内尚属第一次，这对于研究元代的蒙山银矿史、采冶技术、银场管理机构、制度、银课兴革，以及货币制度和形态，都是极其难得的珍贵历史文物。

这两件银锭，虽然没有自铭重量，但今实称分别为1895克和1904克。按照元代的衡制，前者每两合37.9克，后者每两合38.08克，均高于元代每两的平均值。因此，这两件也应为"五十两"制的大锭型银锭。按《元史·文宗本纪》记载"银每锭五十两"的规定，这两件银锭完全符合元政府对于银锭销铸的要求。

这两件银锭分铸于元统三年（1335）和至正十年（1350）的惠宗时期，应属于元代晚期遗物。元代晚期银锭，有明确纪年的也是第一次发现。这两件银锭的共同特征是背面均无铸字。而从目前考古发掘的实物资料分析，背铸有"元

49

宝"二字的共三种，其中完整的，面文自铭"至元十四年（1277）"；一件背铸"平阳"二字的，面文虽无明确纪年，但却砸印"平阳路"三字。查《元史·地理志》："晋宁路……元初为平阳路，大德九年（1305）以地震改晋宁路。"故此三锭银均是元初之物，元末明初人陶宗仪曾在他所著《南村辍耕录》中说："银锭上字号扬州元宝，乃至元十三年（1276）大兵平宋，回至扬州，丞相伯颜号令搜检将士行李，所得撒花银子，销铸作锭，每重五十两，归朝献纳。……后朝廷亦自铸。"这段文字说明，在元初，银锭上有字号"扬州元宝"。以目前出土的实物验证，"扬州"二字铭刻在正面；"元宝"二字，不仅字大，又铸于锭背，而且实物中又增加了"平阳"二字者一锭。是否可以认为，元早期银锭，背铸有字，而背无字者，为晚期所铸，这个推断是否正确，将有待于更多的出土实物资料来论证。

出土或传世的元代银锭，尚无见到有编号者，农安出土的两枚银锭，分别是"元字号"和"天字号"。铸造时间仅隔十五年。1955年，湖北黄石市西塞山曾出土一批宋代银锭，共292件，其中就有"黄字号""地字号""元字号"编号的银锭。而此银锭有编号的还是首次发现。它继承了宋代的制度，也是以《千字文》的排列有序。

这两件元代银锭的性质十分清楚，是蒙山银场向政府缴纳的岁课银锭，故称"蒙山银课"。

岁课是元政府主要的财税收入之一。元代对于"山林川泽之产，若金、银、珠、玉、铜、铁……之类，每年根据它们产量的多寡，额定其应交的赋税"。而对于银矿，元政府则直接征收销铸成的银锭。例如天历元年（1328），仅江西行省就上缴银课四百六十二锭三两五钱，合两万三千一百零三两五钱。

这两件银锭的铸造地点也十分明确，是瑞州路新昌州蒙山所出。

瑞州路，元时属江西行省瑞州路新昌州上高县管辖。山在县城南十八公里，坐落在今上高、新余、分宜三县交界处。主要产银矿洞分布在上高蒙山太子壁一带开采银矿，历史颇早。据清朝冯兰森编纂的《重修上高县志》记载：蒙山"旧产银铅，宋庆元六年（1200）有银铅坑冶"，"并置蒙山务于上下"。

江西地质构造复杂，各种矿藏蕴量丰富。早在五代十国南唐时期，它不仅以一种贵金属的身份作为赏赐和宝藏。在大宗贸易、巨额支付、政府税收等方面，也往往以白银结算，到金章宗承安年间，白银铸成"承安宝货"，曾一度取得法定货币的资格。元在建国前，就使用银子交易，元建国后，也以白银作为价值尺度。元代普遍使用的纸币，更是以白银为储备金，因此，白银在元代具有十分重要的经济作用。元政府十分重视对银矿的开采、冶炼，也十分重视对银矿的经营方式、机构设置、官吏配备、生产设施、产品质量、缴纳岁课等方面的管理。

据《元史》记载，元代政府也曾把个别的银矿赏赐给亲王或寺宇，作为他们的私产，也曾允许某个亲王购买银矿，以私财锻炼，仅向政府交纳一定数量的银锭，作为岁课。这些银矿都是些产量不大的小矿，而对于那些开采日久、资源将要枯竭的老矿；或者蕴藏量不大，无大规模开采价值的贫矿，政府才允许私人采炼，并以所炼银两的十分之二三输纳官府。对于那些富矿、大矿，元代政府则一直把它置于自己直接控制之下。

蒙山银矿不仅蕴量大、产量高、矿石含银量高，而且开采时间长，为元代政府所瞩目。

元世祖忽必烈至元八年（1271）建国，十三年（1275）平定江南，"江西诸郡相继归附"。十三年，元朝政府就在蒙山设置银场提举司，着手恢复生产。此时，管辖蒙山的南宋安抚姚文龙，尚据守瑞州孤城，和元军周旋，直至至元十四年才被迫投降。当瑞州附近战争仍在进行之际，元政府就于蒙山设置了银场提举司，调拨袁州、临江、瑞州三路民工三千七百户、粮一万二千五百石，进山采矿冶炼。当年就上缴岁课银五百锭，合二万五千两。这说明元政府迫切需要，这里大量的有色金属就得到开采，赵宋南渡之后，大批北方人户进入江西，使这里的山区得以进一步的开发。因此，在南宋庆元年间，处于县境边界盘踞百余里的蒙山银洞得以开采发掘，成为宋元时期产量颇大的重要银场之一，并非偶然。

1982年12月，上高县博物馆在地质队、武装部的协助下，曾对蒙山太子壁银洞遗址进行了实地考察，在名叫"扁槽洞"的洞口石壁上发现一处封闭银洞的禁约文字，及系宋明二次禁约文字叠刻在一起的摩崖石刻（图九）。

兹将南宋时所刻文字录于下：

此洞名"扁槽"，系里面用大石填塞，一十五丈深，封禁永远，再犯者完问遣不饶，……宝右三年六月，户长曹仁七、廖花二、李绍九、晏辛三、简化二、陈春一、黄线二、曹……

图九　摩崖石刻

考"宝右"即"宝祐"，为南宋理宗年号，宝祐三年当公元1255年。

据现存"扁槽洞"的石刻文字记载，结合史料考察，蒙山银矿在庆元六年设务开采，至宝祐三年第一次封闭，前后开采冶炼达五十六年之久。蒙山银矿的这次封闭停产，和当时的宋元军事形势有关。

宝祐三年，北方的金朝被蒙古灭亡已二十一年，淮河以北的广大地区已落入蒙古统治之下，宋蒙联军灭金之后，蒙古的军事行动根本没有停止，南宋政府面临着一个更加难以对付的敌国。西起西川东至江淮沿海，在这漫长的边界线上，蒙古军队对南宋发起了强大攻势，四川、两湖、苏皖北部相继失守，宝祐元年（1253）忽必烈攻占大理（今云南），南宋政府不仅丧失了大批领土，而且在军事上已陷于腹背受敌的困境之下。军事上的节节失利，加速了南宋政权的财政崩溃。在此形势下，蒙山银场不得不关闭。

赵宋时期，白银在经济活动中已取得愈来愈重要的地位，支援尚在进行中的统一国家的战争。元初，蒙山银场一度得到了恢复和发展。兹将蒙山银场的银课锭数列表如下：

至元十三年　　　1276年　五百锭

至元二十三年　　1286年　七百锭

至元二十六年　　1289年　五百锭

至元二十九年　　1292年　五百锭

至元三十一年　　1294年　不足二百二十锭

大德十一年　　　1307年　七百锭

天历元年　　　　1328年　不足四百余锭

从上列缴纳银锭数可知，在至元二十九年以前，蒙山银矿年产量均保持在三万两左右，是蒙山银矿稳产高产阶段，因此，当时有一民谚语，说："末山出草，蒙山出宝。"

至元三十一年后，蒙山银矿的年产量时高时低，但总的趋势已呈现出一年不如一年的衰落景象。虽然在大德十一年，年上缴课数达到该矿历史的最高数七百锭，可是，是年却"添拨粮五千五百石，并户粮一万二千五百石，通计每年实拨粮五万石"，才"办到课银七百锭"。

导致银产量逐年下降的根本原因，在于元统治者对蒙山银矿采银户的沉重经济剥削和残酷的政治压迫。在蒙山银矿进行劳动的几千户民工，都是从袁州、临江、瑞州三路府县强征而来的，由政府给予一定的口粮，这些征发来的民工长期被强制在矿山里劳动，昼夜不得休息，又不能随意改业和离开。强征入山的采银户往往被弄得倾家荡产、家破人亡，采银户被迫纷纷起来反抗，有的甚至进入深山，结伙为"盗"。元初定制，采银户每"炼银一两，免役夫田租五斗"，至至元二十九年，江西行省伯颜、阿老瓦丁言："今民为日困，每两拟免一石。"世祖采纳了伯颜等人的建议，大德十一年，课办白银七百锭，可政府实拨粮达五万石。每煸炼银一两，实免役夫田租一石四斗二升余。采银户的斗争，虽然取得了一定的收获，可是，他们的处境，依然没有得到根本的改变。

元代银课，岁有定额。至元三十一年，江西行省昊文申报朝廷，说："银场岁办万一千两，而未尝及数，民不能堪。"元政府生怕引起更大的反抗，只得下令："自今从实办之，不为额。"至大德十一年，虽总拨粮增至五万石，但依然"累年银课亏欠"。泰定二年（1325）"瑞州蒙山银场丁饥，赈粟有差"。同年十一月，元政府不得不撤销蒙山银场提举司，把银矿交由瑞州路地方政府经营。

到惠宗至正十年（1350），由于经营不善，工本不敷，又因"取矿日久，坑内深险，节用划道。把火照人。土石坍塌，人多被压。兼以无矿可取，累年银课亏欠"，又，同年五月，"上高县蒙山崩"，蒙山银场遭到严重破坏，生产陷于停顿。因此，瑞州路主管蒙山银场的"提举陈以忠，将前项缘由申报革罢"。从此，蒙山银场被封闭废弃。虽然，在明洪武三十五年（即建文四年，1402年）、永乐四年（1406），户部曾两次复勘蒙山银洞，对银洞"逐一照下各坑，共取三十日，计人匠四百八工，……仅选得焦矿一百八十一角力，止煎炼到白银八钱五分"。明朝政府鉴于上述情况，考虑到"计其所用工力数多，得银数少，不堪采取煎炼，请将前项银坑封闭"。

蒙山银矿在南宋庆元六年设务开采，到宝祐三年第一次封闭，共开采了五十六年。从元至元十三年恢复开采，到至正十年废弃，又开采了七十六年，宋元两代前后开采了一百三十二年之久。由于采冶日久，至今在太子壁银洞2.5公里的鉴里村，尚能见到堆积如山，数以百万吨计的矿渣遗迹。矿渣中心有一平坦的渣地，当地群众称之为"炉子坪"，当为昔日炼银遗址。从现场采集的矿石标本测定，矿石含银量每吨为148.2克，对矿渣标本进行分析的结果是，矿渣含银量很小，每吨矿渣仅含10克，说明当时提炼白银的工艺已具有一定的水平。而铁的物相分析亚铁高，说明古炼炉温度较低。按上述提供的数据，农安出土的这两枚蒙山银矿炼制的银锭，需要挖掘近十五吨矿石。在当时开采技术落后、生产条件极其恶劣的条件下，要炼就一锭银锭，元代的采银户要付出多么大的代价！

"天字号"银锭铸于至正十月，正是蒙山发生山崩、银场奉旨封闭的同年。它是蒙山银场在元代最后一批产品之一。

蒙山银场在元代共开采七十六年，它的隶属关系曾发生多次变化。

第一阶段从至元十三年（1276）蒙山银场设置银场提举司起，到大德十一年（1307）止，共三十二年。蒙山银场提举司隶属中书省中政院管辖。中书省中政院属下有"金、银、铁冶都提举司"的机构，主官"秩正四品"，"掌办金、银、铁等课，分纳中书省及中政院"。中书省是宰相的官衙，总管全国的政务，而中政院是执"掌中宫（皇后）财赋营造供给,并番卫之士,汤沐之邑"的机构，中政院下设"宝昌库"，"掌受金银执铁之课,以待储运"。由此可见,由官办的金、银等矿冶每年缴纳的金银岁课，有一部分落入皇家私人腰包之中。

第二阶段从大德十一年蒙山银场提举司，"拨隶徽政院管"起，到泰定二年（1325）"罢蒙山银冶提举司，命瑞州路领之"止，共十八年，为徽政院管督时期。徽政院设置于至元三十一年（1294），是年，"太子裕宗既薨，乃以（储政）院之钱粮，选法工役，悉归太后位，改为徽政院以掌之"。

第三阶段从泰定二年把蒙山银矿交由瑞州路管理，到至正十年（1350）蒙山银场关闭止，共二十五年，为地方政府管理时期。农安出土的这两件银锭即是这个时期铸造的。

关于"提调官"，查考《元史·百官制》，无此职称。但从《元史》《续资治通鉴》等史书中，仍可找到有关"提调官"的一些记载。兹举几例：

顺帝元统元年"命伯颜提调彰德威武卫"。

顺帝至正四年，"命太平提调都水监"。

顺帝至正十五年，"以中书平章政事搠思监提调留守司"。

由此可见，所谓"提调官"是为办理某种重要事务而临时授予的，并由现职官吏兼任。蒙山银冶归瑞州路经营后，银冶主办官由瑞州路总管府官兼任。所以两枚银锭上分别錾刻有"提调官瑞州路总管府官"和"瑞州路总管府提调官"字样。元建国初，在诸路设立总管府，定十万户以上者为"上路"。瑞州府属上路，总管府主官"秩正三品"，总管府主官一般由蒙古人担任，称"达鲁花赤"，意为"总辖官"。

由于蒙山银矿地界在新昌州上高县境内，因此，"催办官"由州判官担任。元平定江南后，曾提升四十四个县为州，新昌州是其一。因其户不及三万，所以属"下州"。按元制，下州设判官一员，正八品，"兼捕盗之事"，因此，蒙山银矿催办官使用判官，不仅有"催办"之意，尚有"镇压"之意。"将仕"即"将仕郎"，是元代"散文官四十二阶"中的最末一级，秩正八品，正与判官的品阶相等。"库官"即"收银库官"，专掌收银库的小吏。据元制，应是九品的小官，因"准九品无散官，则但举其职而已"。因此，这两枚银锭上不但"举其职"，还直书其姓名："刘自明""丁谅"。"库子"该为"收银库"的仓库保管人员，"炉户"是冶炼银矿的专业户，"销银匠"是销铸银锭的工匠。自"库官"以下，"库子""炉户""销银匠"均书其姓名，以分清各人的职责。

第三节　蒙山历史文献

唐　朝

蒙山跨瑞、袁、临三郡之境，固为宝藏。（银矿的开采）唐以前未闻之。

——《瑞州路正德书院记》

宋　朝

蒙山自发现银矿后，"宋之中世，（附）近之民，颇私其利"。

——《瑞州路正德书院记》

（南宋）庆元元年（1195）

宋宁宗赵扩执政时，蒙山珠宝峰一带银矿，"民凿山取之，岁久益深。匹夫荷钎入深采矿，溶之，辄得金，以故人富饶"。

——《新余风物录》

庆元六年（1200）

蒙山"旧产银铅，宋庆元六年（1200）有银铅坑冶"；南宋宁宗赵扩执政时，"并置蒙山（矿）务于上下"。

——《重修上高县志》

"瑞州府上高县蒙山，在县南三十五里，有银铅坑冶。宋庆元六年置银场于此。名其山曰多宝峰。后提举司上言，矿绝而废。"

——《江西通志》

"瑞州府上高县蒙山，在县南三十五里……上有多宝峰及上下两洞。《志》云：宋庆元间（1195—1200）常产银铅，故峰名多宝，并置蒙山务于上下。"

——《读史方舆纪要》卷八十四

宝祐三年（1255）

蒙山银场第一次封闭时间，"为南宋理宗赵昀执政时'宝祐三年（1255）六月'"。距庆元初民采有60年；官方开采56年。

——蒙山银场《扁槽洞口石壁禁约镌文》

元　朝

至元十三年（1276）

元世祖忽必烈执政时，就在蒙山设置银场提举司，隶属中书省政院管辖。中书省中政院属下有"金银铁冶都提举司"的机构，主官"秩正四品"，"掌办金银石甘铁等课，分纳中书省及中正院"。

——《元史·百官志》

"拨袁、临、瑞三州人民三仟七百户，运粮一万二千五百石"，集中更多的人力物力，进山采矿冶炼，年"办正课五百锭"，约折合二万五千两银。

——《重修上高县志》

元初定制，采银户每"炼银一两，免役夫田租五斗"。

——《元史·世祖一》

至元十四年（1277）

"江西等处行中书省，至元十四年置。"

——《元史·百官七》

"江西岁给蒙山银冶粮四万余石，输银三万五千两。"

——《揭文安公集……董公神道碑》

蒙山银场"第一任提举（由）侯孛蓝溪"担任。在清溪内筹建正德书院。

——《瑞州路正德书院记》

"肖毓，字伯元，生长晓岭，迁居官洲。……为蒙山银厂监官。"

——《新喻官洲肖氏族谱》

至元十八年（1281）

"又四怯薛当江南户钞，至元八年拨瑞州上高县八仟户，计钞三百三十锭。"

——《元史·食货三·岁赐》

至元二十一年（1284）

"瑞州上高县户计长官司，秩从五品，达鲁花赤一员，长官、副长官各一员，领本处户八千，后隶徽政院，至治三年罢。"

——《元史·百官五》

至元二十三年（1286）

"再拨粮七千石，增银一百五十锭；又将炉内底锡、黄丹规划添办银五十锭，每年额办七百锭。"

——《重修上高县志》

至元二十六年（1289）

"每银一两加粮五斗。总加粮一万二千五百石。要求（蒙山银场）每年产银，（缴纳银课）由五百锭增加到七百锭。"

——《重修上高县志》

至元二十九年（1292）

"江西行省伯颜。阿老瓦丁言：'蒙山岁课银二万五千两，初制，炼银一两，免役夫田租五斗，今民力日困，每两拟免一石。'""帝（世祖）曰：'重困吾民，民何以生'！从之。"

——《元史·世祖十四》

元贞四年（1295）

成宗铁穆耳执政时，"江西行省臣言：'（蒙山）银场岁办万一千两，而未尝及数，民不能堪。'（成宗）'命自今从实办之，不为额'"。

——《元史·成宗一》

"元兴，因土人呈献，而其岁之课，多者不尽收，少者不强取。"

——《元史·食货二·岁课》

大德年间（1297—1307）

元成宗铁穆耳执政时，"大德年间，晏寿先任蒙山银场提举司提举（新余人）"。

——《新喻县志》

大德八年（1304）

"江南户钞，大德八年（1304），分拨瑞州路六万五千户，计钞二千六百锭。"

——《元史·食货三·岁赐》

"冬十月，庚寅，封皇侄海山为封帝怀宁王，赐金印，仍割瑞州户六万五千隶之。"

——《元史·成宗四》

"瑞州原为武宗海山食邑。海山次子图贴睦尔封怀宁王，袭其父食邑。"

——《元史·食货志·岁赐》

大德十一年（1307）

蒙山银场提举司，"拨隶徽政院管督，嗣以工本不敷，添拨粮五千五佰石……合计每年五万石，课银七百锭（合银三万五千两）"。因取矿年久，坑内深险，爰用栈道，把火照入，土石坍塌，人多被压，兼以无矿可取，"累年银课亏欠"。

——《重修上高县志》

至大三年（1310）

元武宗海山执政时，"己巳瑞州等路营民都提举司，秩从四品，并隶章庆使司"。"己酉立上都、中都等处银冶提举司，秩正四品。"

——《元史·武宗二》

延祐二年（1315）

元仁宗爱育黎拔力八达执政时，瑞州路主管"蒙山银场提举司延祐二年夏，提举陈以忠（高安人）到令"。

——《瑞州路正德书院记》

泰定元年（1324）

元泰定帝也孙铁木儿执政时，"封亲王图帖睦尔（即武宗海山次子）为怀宁王，食邑瑞州六万五千户，增岁赐币帛千匹；并赐金印"。

——《元史·泰定帝一》

泰定二年（1325）

"元月（闰），瑞州蒙山银场丁饥，赈粟有差。"

——《元史·泰定帝一》

"十一月，丁卯，罢蒙山银冶提举司，命瑞州领之。"

——《元史·泰定帝一》

至正十年（1350）

"五月。瑞州一带暴雨数日，十三日上高县蒙山崩。"蒙山银矿矿洞的生产设施，遭到严重破坏，生产陷于停顿状态，已无法修复再行开采。因此"提举陈以忠将前项原因申报革罢"。银场从此关闭废弃。

——《元史·五行志》
《重修上高县志》

有的"商民凿穴得砂（即银矿砂）。先呈官府验辩，然后定税"。

——《天工开物》

明　朝

[明]建文四年（1402）

明惠帝朱允炆执政时，"户部行文勘查蒙山银矿"。

——《新余风物录》

永乐四年（1406）

明成祖朱棣执政时，"锦衣校卫杨冬告称有矿，户部复行堪查。袁、瑞、临三府会同上、分、新三县银矿共十七处，简里村、狗头脑、七坑坐新（余）分（宜）外，气砻、大兴、神宝、伏兴、竹藤、下陂、天心、新吸、赐宝、小石等皆为上高。""每日下井椎凿，三十日炼银八钱五分，故封闭。"

——《重修上高县志》

嘉靖年间

明世宗朱厚熜执政时,"嘉靖年间,曾议开采矿砂金银,以助大工。嗣因盗矿之风甚炽,而浙江、江西盗矿者且劫徽、宁",天下渐多事矣。

——《江西通志稿》

万历年间

明神宗朱翊钧执政时,"蒙山银场,复开铅矿,以其亏官病民,乃封闭"。

——《重修上高县志》

万历十二年(1584)

"万历十二年(1584),奸民屡以矿利中上心,诸臣力陈以其弊。帝虽从之,意怏怏。"

——《明史·食货五·坑冶》

万历二十二年(1594)

"……支道按司佥事方,近奉羊坡哨范百户督。同南田团禁,带领亲兵一百名,督同乡兵烟民一千馀……万历二十二年起工,六月填塞古磨于扁槽等洞立碑封禁。"

——蒙山银场《扁槽洞口石壁镌文》

万历二十三年(1595)

"万历二十三年春月,封禁填塞。"

——蒙山银场《扁槽洞口石壁镌文》

"自嘉至此(1595),已历七十年,本矿可称半公半私之盗采时期。"

——《江西通志稿·矿业》

万历二十四年(1596)

"万历二十四年,朝廷又遣中使分赴各地,解禁采矿,江西一省,乃中官潘相所主持。"

——《江西通志稿·矿业》

其时,"各省中使多暴横酷虐,大多勒索富户,以补年额"。

——《江西通志稿·矿业》

蒙山馀脉"湖九洞,在(新余)县西北三十里。山产银矿,明万历年间,内监潘相开采,税入甚少,而礁石坏田,几数百顷,大为民患,后奉令禁止,今矿亦绝"。

——《新喻县志》

第四节　矿冶著述对蒙山古银场的评价

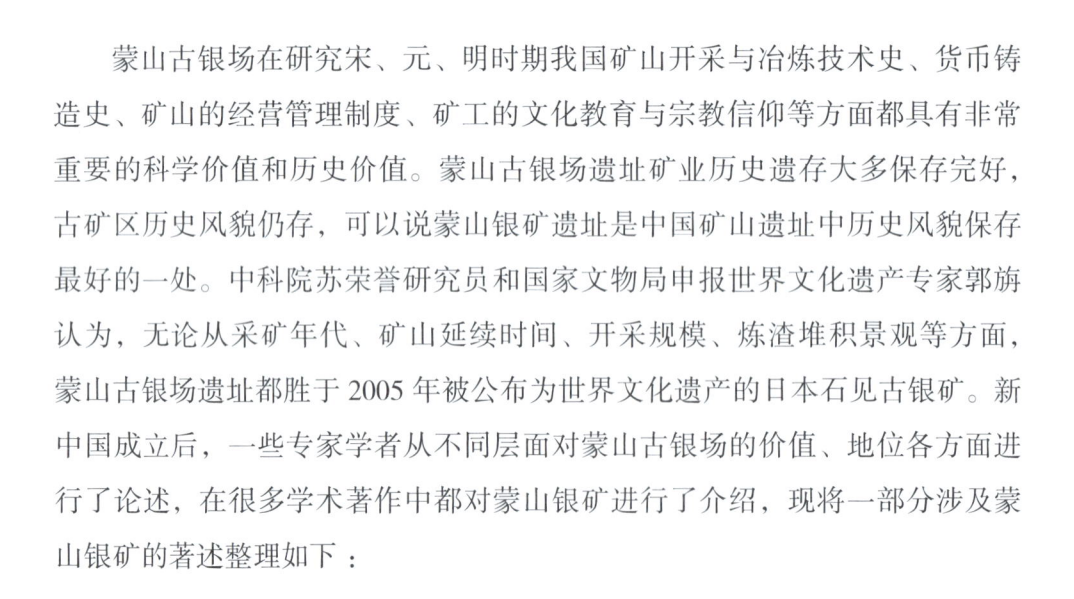

蒙山古银场在研究宋、元、明时期我国矿山开采与冶炼技术史、货币铸造史、矿山的经营管理制度、矿工的文化教育与宗教信仰等方面都具有非常重要的科学价值和历史价值。蒙山古银场遗址矿业历史遗存大多保存完好,古矿区历史风貌仍存,可以说蒙山银矿遗址是中国矿山遗址中历史风貌保存最好的一处。中科院苏荣誉研究员和国家文物局申报世界文化遗产专家郭旃认为,无论从采矿年代、矿山延续时间、开采规模、炼渣堆积景观等方面,蒙山古银场遗址都胜于 2005 年被公布为世界文化遗产的日本石见古银矿。新中国成立后,一些专家学者从不同层面对蒙山古银场的价值、地位各方面进行了论述,在很多学术著作中都对蒙山银矿进行了介绍,现将一部分涉及蒙山银矿的著述整理如下:

(一)李国强等主编:《江西科学技术史》,海洋出版社,2007 年 1 月版

元朝时期中国的银矿开采不多。江西的银矿主要有上高县蒙山银矿。蒙山地处赣中偏西的新余市渝水区、分宜和上高县交界之处,距新余市区 35 公里,

宋元期间有银坑17处，自庆元六年（1200）官方正式开采到宝祐三年（1255）第一次封闭，共采银56年。至元十三年到至元二十九年（1276—1292），蒙山银矿又组织生产，每年产银约3万两，到至正十年（1350）封闭，又开采了76年。

元代是江西上高蒙山银矿采冶最兴盛的时期。该地银矿蕴藏量大，矿石含银量高（据江西地质队化验，矿石含银量为148.2克/吨）。考古发现上高蒙山太子壁附近有古代采银洞17处，洞内有许多支窿和吊井，有些吊井深达十几米，并采集到银矿标本、铁灯架等。上高蒙山银矿采矿冶炼在元代就已开始使用先进的采矿、冶炼、铸锭一条龙流水作业法。这种方法与现代化生产方式相似，可就地取材，直接将炉内银水浇铸成银锭，再錾刻文字。在探矿方面，由于当时没有现代探矿技术和设备，元代上高蒙山银矿的开采都是运用原始的追踪矿苗掘进法，而在岩石外层的矿苗则难以采到，故而造成矿产资源的浪费。

文献记载，上高蒙山银矿在永乐四年（1406）重新采炼过一次，万历年间再次开采，因成本过高，得银不多，遂于万历二十二年（1594）填塞矿井。地质勘探资料记载，该地有矿井遗址18处，其中最深最长的矿井垂直深度140米，水平长170米，最宽10.5米，最狭处0.5米，一般为2米~3米。明代开采时间不长，仍使用井采和灯笼照明防护技术，沿矿脉追踪。

（二）路甬祥主编：《中国古代金属矿和煤矿开采工程技术史》，山西教育出版社，2007年7月版。

江西上高县蒙山太子壁银矿遗址。此银矿约始采于南宋庆元年间。《宋会要辑稿·职官》四八之一三六记载：开禧年间（1205—1207），江西转运使申奏，筠州申上高县银场，"土豪请买，招集恶少，采银山中。又于近山清溪创立市井，贸通有无"。据同治《上高县志》卷载，其在元代还在开采："至元十三年（1276）置提举司，拨袁、临、瑞三路民人三千七百户，粮一万二千五百石办正课五百锭……大德十一年拨隶徽政院管督，嗣以工本不敷，添拨粮五千五百石……合计每年五万石，课银七百锭，因取矿年久，坑内深险，爰用栈道，把火照入。""三千七百户"可见其在元代开采规模是较大的。值得重视的是这段记载的后几句清楚地告诉我们：因采矿年久，地下采场已经相当危险了，可以采用木构栈道架设，来解决攀高作业及安全生产问题。

1982年12月，考古和地质工作者联合对上高县蒙山太子壁银矿遗址进行了调查。蒙山银矿床属于矽卡岩型，产于花岗岩与灰岩的接触带内。矿体厚度变化较大，一般为1米~2米，矿石的主要成分为方铅矿和闪锌矿，含铅品位很高，含银亦富。据遗痕看，采掘是沿自然银矿带进行的。这与前引《云麓漫钞》卷二记载的"每石壁上有黑路，乃银脉，随脉凿穴而入，深十数丈，烛火自旺"的采银方法完全吻合。蒙山银矿1号矿洞的垂直深度为140米，最宽处为10.5米，最窄处0.5米，洞内平巷还有不少流水。距上高太子壁银洞五华里的鉴里村，尚存炼银遗址，称炉子坪。古炼渣堆积如山，达数十万吨，渣化学成分分析：银10克/吨、铅1.1%、铜0.96%。在1号洞即扁槽洞口石壁上，现尚存一处石刻文字，刻的是禁封矿洞的碑文。内容是南宋宁宗庆元六年开采以后，至宋理宗宝祐三年，民间奉令封禁矿洞。其间约六十年之久。碑上记录了当时附近各村户长立碑公禁，现查各户长姓氏，如曹、廖、李、晏、简、陈、黄等，均系现在邻近四乡村人之祖先。看来外地迁来蒙山的矿工，当时可能是亦工亦农，以采矿为主，种粮自给。繁衍的后代仍然继承矿业技艺。明代，仍有大量工匠继续在蒙山进行大规模开采，应该是这些传统经验的采矿家族了。

（三）夏湘蓉、李仲均、王根元编著：《中国古代矿业开发史》，地质出版社，1980年7月版。

瑞州蒙山场"至元二十一年（1284）拨粮一万二千五百石，办银五百锭，后拨至四万石。……延祐七年（1320），依原定粮价折收原银七百锭（35,000两），解提举司收纳"。又"泰定帝泰定二年（1325）十月，罢蒙山银冶提举司。先是至元二十九年（1292）正月，江西行省巴延阿喇卜丹言：蒙山岁课，银二万五千两。初制，炼银一两，免役夫田租五斗。今民力日困，每两拟免一石。世祖曰：重困吾民，民何以生，从之。至是摆提举司。命瑞州路领之。"

"至元二十三年（1286）韶州曲江县银场，听民煽冶，岁输银三千两。"又"至元二十七年（1290）五月，尚书省遣人行视云南银洞，获银四千四十八两，奏立银场官"。"至元二十九年（1292）八月，罢福建银冶。初、福建参知政事魏天祐献计，发民一万，凿山炼银，岁可得五千两。天祐乃赋民敛市输官，而私其百七十锭，至是台臣以闻，请追其赃而罢银冶，从之。时宁国路（今安徽宣城）银冶课额二千七百两，民皆市易以输，未尝采之于山。省臣以为言，亦诏罢。"

"江西曰抚、瑞、韶，元贞元年（1295）江南行省臣言，银场岁办万一千两，未尝及额，民不堪命。"

"武宗至大元年（1308）六月，立上都、中都等处银冶提举司。尚书省臣言别都鲁思谓云南朝河等处产银，令往试之，得银六百五十两，诏立提举司，以别都鲁思为达鲁花赤。十一月尚书省臣言上都、中都银冶提举司达鲁花赤别都鲁思，去岁输银四千二百五十两，今岁复输三千五百两。且言复得新矿银当增办，乞加授嘉议大夫，从之。英宗至治三年（1323）……金银冶听民采炼，以十分之三输官。"

"延祐四年（1317），惠州（今河北平泉县）银洞三十六眼，立提举司办课。"

延祐四年，"霍邱县（安徽）豹子崖洞课银三十锭（1500两）。其所得大抵以十分之三输官。"

在上列矿区中，瑞州上高县蒙山场，最高年产量达到七百锭，即三万五千两。显然是元代比较重要的一个矿场。据《元典章新集》：延祐七年（1320）十月，"蒙山银场提举司申：炼银户计应当里正主首杂役，耽误办银。申乞照详。得此：照得延祐六年（1319）四月初九日，启奉皇太后懿旨：这办银是大勾当，有再教他重并当里正主首杂泛差役呵，咱每（们）的勾当不误了，那甚末体交当者末！"这是说，皇太后批准免去炼银户应该担负的杂役，以免耽误办银，反映了蒙山银场在当时具有特殊的地位，可能是太后"位下"的银场。又《元典章新集》载：延祐七年（1320）十一月，"御史台呈江南行省咨，江西道廉访司申：蒙山银场提举陈以忠言：蒙山银场炼银工本，纳粮不便，每岁认拨户粮四万石，每石减钞十一两，只收轻赍三十两，做炼银修坑取矿买炭工本，办银七百锭。如有亏兑，愿将家产折挫还官。自理之后，连年巧立名色，每粮一石，科要五十六两五钱至六十两计之。自延祐四年至延祐六年三月之间，多取讫粮户工本钱钞三万余锭，扰民已甚"。这是说，拨给蒙山场炼银户的减价粮食，由于经手的贪官污吏"巧立名目"，提高粮价，在三年多的时间内就贪污了钱钞三万余锭，反映了元王朝的残酷剥削，闹得"民不堪命"。

（四）王菱菱著：《宋代矿冶研究》，河北大学出版社，2005 年 1 月版。

除两浙路、福建路等东南地区外，位于江南西路的瑞州上高县蒙山地区在南宋宁宗时期也出现了开采银矿的活动，并一直延续到元朝。据《江西通志》卷八《山川二·瑞州府》记载，蒙山地区"宋庆元六年（1200）有银铅坑冶"，"并置蒙山务于上下"，估计此时官方已开始组织开采银、铅。江西上高博物馆1982年对蒙山太子壁银洞遗址进行实地考察时，在一个名叫"扁槽洞"的洞口石壁上发现有南宋宝祐三年（1255）六月封闭银洞的禁约文字。内容如下：此洞名"扁槽"，系里面用大石填塞一十五大深，封禁永远。再犯者完（按）："完"应为"定"）问遣不饶。"……宝右（祐）三年六月，户长曹仁七、廖花二、李绍九、晏辛三、简化二、陈春一、黄线二、曹……"

（五）南君亚、王中良编：《中国铀矿地质的先驱者——纪念矿床学家南延宗教授诞辰 100 周年》，《江西上高县蒙山地质矿产》，地质出版社，2007 年 3 月版。

太子壁旧名多宝峰，其开采历史颇早，据顾祖禹《读史方舆纪要》卷八十四页20记载。该矿在宋宁宗庆元年间（1197年左右），开始采银。此次宗等调查，曾在丙洞石壁上，得一明朝万历二十三年所镌封闭矿洞碑文一方，字迹模糊难辨，词意重复难解。以其与本矿历史，颇有关系，特录入文内，以供大众参考研究，其文方式如下：

此洞名扁槽，系里面用大石填塞一十五丈深，封禁永远，再犯者定问遣不饶。

奉委防守羊坡哨南昌卫中所功升百户范，奉瑞州府同知杨，掌上高县事知县陈，县丞黄，通判沈，推官刘，典史李，主簿李，奉道按察司屯田副使朱

[道按察司]　右参议支

道按察司签事方近奉

[道按察司命，令]　羊坡哨范百户督同南田团禁带领亲兵一百名督同乡兵烟民一千余于万历二十二年起工六月填塞古磨于扁槽等洞

立碑封禁

万历二十三年春月　封禁填塞

宝右（祐）三年六月户长曹仁七廖花二李绍九晏辛三简化二陈春一黄线二曹……

按查明代并无宝祐年号。历朝帝王，仅有宋理宗之宝祐而已，乃知该石壁上系有前后两次封禁碑文，叠刻一处，首尾两节，似系第一次宝祐年间所刻之遗文。中间自奉委至万历春月封禁填塞一段，为第二次万历年间所刻。"宝右"想系"宝祐"之略字，当系宋宁宗开采以后，至宋理宗时民间奉令封禁之碑。按宝祐三年（1255）距庆元六年间（1195—1200），约有60年之久，是知太子壁银矿第一次开于宋庆元年间，停于宝祐三年。当时曾由附近各村户长立碑公禁，再查各户长姓氏如曹、廖、李、晏、简、陈、黄等，均系现在邻近四乡上简（曹）、赣田（廖）、东湖（李陈）、白石（晏）、下简（简）、简里（简）、马屋（黄）等村人民之祖先，亦各确认为宋时迁来者也。有元一代，未有史册记载，据马韵珂《中国矿业史略》言，"仅在元世祖至元十五年拨采木夫一千户于锦端州巴山、鸡山等处采铜"，似与本矿无涉。"明嘉靖年间，曾议开采矿砂金银，以助大工，嗣因盗矿之风甚炽，而浙江、江西盗矿者，且劫徽宁。至隆庆初，南中诸矿山，均勒石禁止，万历十二年，奸民屡以矿利中上心，诸臣力陈其弊，帝虽从之，意怏怏"。大致太子壁开矿，此时已在进行，故有万历二十三年洞口第二次立碑封禁之事。自嘉靖至此，已历七十年，本矿可称为半公半私之盗采时期。但在"万历二十四年，朝廷又遣中使分赴各地，解禁探矿，江西一省，乃为中官潘相所主持"（见《明史》卷八十一食货志五），"其时各省中使，多暴横酷虐，大多勒索富户，以补年领额"。本矿井在立碑封禁之后一年，是否继续进行，无从考证矣。若专由以上宋明两朝考证之，可知本矿开采时间，至少在130年左右。当时所采矿砂，尽在洞西2.5km许之简里村冶炼，乱草之中，尚有旧路可寻。简里村炉渣遍地，堆积如山，中间留有平地一小方，似系炼炉遗址。鉴于以上种种事迹，亦足见当时工程之大，无怪矿洞之多又广且深也。

本矿炉渣，堆于矿洞西北约2.5km之简里附近。旧有下坡小路，颇为平坦，运矿甚便，现已荒废：炉渣对垒成丘，长约120m~128m，宽约97m，厚度平均约10m，据宗等约计之，当有50万吨左右。此外在东湖赣田一带，尚有昔日民间私炉数处，其废渣尚未计算在内。炉渣之中，每有曾炼尽之昙金（matte）

颇多，尤以私炉火力不足，曩金堆积较富：据本所化验结果，简里炉渣，尚含铅 4.89%，且有钴之痕迹在内。若以曩金冶炼，所得更不止此数，故知本矿之炉渣 50 余万吨，亦可利用炼铅，就中取银也。

第五节　蒙山人文胜迹

蒙山人文景观历史遗存非常丰富，有书院、寺院、古桥、古村等，历朝历代的文人骚客在此留下了咏蒙山诗词，这些厚重的历史文化遗存，一方面述说着千年蒙山古银场繁荣与兴衰，另一方面向后人展示其丰富的文化内涵，激励后人创造丰富生活。现将这些历史文化遗存及咏蒙山诗词整理如下：

一、书　院

书院，创办者或官府或私人，主持人称山长或主讲。书院向为藏书讲学之所。由山长延请有名学者讲学期间，采用个别钻研、相互间问答、集众讲解相结合的教学方法，以研习儒家经籍为主，间亦议论时政。

梅湾书院

《敖阳历山邹氏族谱》记载，宋邹渊潭于蒙山北麓小坪创建梅湾书院。

正德书院

从元代至元二十七年（1291）起，到元三十年（1294）建成的正德书院（图十），是因蒙山开矿冶银而设立的书院。设于蒙山鉴口西夜合山南面。蒙山银矿量丰富，宋时始置银场开发，元代尤甚。当局在银场大规模开发之际，官员、眷属、工役、民夫等大量流入蒙山，于是把在蒙山兴学当作急切之务。为了培训人才，教化后代，蒙山银场提举姜荣首倡在蒙山建正德书院；二十八年，提举侯字兰奚曾捐、割自己的俸禄用于续建、扩建。越三年，告成。延请师儒，招集众徒，诵习期间。延祐二年（1315）夏，提举陈以忠捐私费扩建正德书院，规模颇为壮观。有大成殿、两庑、明伦堂、致思堂、佑善堂、先贤祠等。内置果行、育德、正蒙、修身、明道、丽泽六斋，为生徒修身读书之所，并建有舞雩序、蒙泉序、观复楼为游息之所。

图十　正德书院位置

　　正德书院曾延邹宗佰为训导，邹民则为主讲，"正德书院"石匾额题字，则是元代大书法家、集贤院学士赵孟頫的手书。

　　关于蒙山正德书院，许善胜、吴澄、姚云、邹有则等均有记。正德书院开创了我国厂矿办学兴教育的先例。

　　明万历十年概毁天下书院，遂圮。万历壬子年，知县汪宗文查出，方欲仿古复建为作养之所，卒以召人，未竟其志。（据旧邑志、明府志改撰）

　　元明两代，蒙山银场处极盛时期，矿工及其家属子女对正德书院的出现起了催发的主因；正德书院的兴衰亦成为蒙山银场的晴雨表，它们一荣俱荣，一损俱损——有史料可证：万历十年后诏毁天下书院，正德书院在劫难逃而退出历史前台之时，正是蒙山银洞山太子壁诸矿洞被朝廷下旨"封堵""填塞""封禁"之日。正德书院的兴废，可视之为蒙山银场兴废之参照系，何况创正德书院者，正是元代第一任蒙山银场的提举司侯孛兰奚。书院毁弃后，邑人胡催四将书院遗址辟为鱼塘十三坵。

正德书院记
［元］吴澄

　　瑞州路正德书院，蒙山银场提举侯君孛兰奚所创建也。夫荆扬贡金从古以然。周官人掌其地，守之以禁，而取之以时，盖犹秘其宝于地，藏其富于民，

第二章　蒙山历史文献与考古资料

69

而不尽括其利于官也。蒙山跨瑞、袁、临三郡之境固为宝藏，唐以前未之闻，宋之中世，近山之民颇私其利而置场设官。自国朝始，职其职者，旦旦为利国是图，既无治民之责，谁复有教民之意哉！当衮衮兴利之场，而切切兴学之务，其人识虑盖远矣。然创建之初，功未完而侯君去，至于今二十余年，田租薄少不足以赡给，室屋日就敝坏。延祐二年夏，提举陈君以忠，祇谒先圣，顾瞻怃然，即修葺殿堂门庑，焕然一新，途径阶除，甃砌端好。圣师像位、龛帐案座，靡不整严。置田租租，岁入可二百斛。比旧多十之七八，其费一皆己出，无所资于人，延请师儒，招集徒众。诵习其间。公退之日叚，躬自勤督，佐其径划者，前龙兴路学录邹民则也。予尝叹天下之事，诱于其名，眩于其实者，总而是；若此书院之设，岂徒徇其名而已，固将责其实也。蒙山僻在万山之隈，近于宝货则其民贪；远于都邑则其俗陋；身不游于庠序，则耳目不儒染乎礼义。殆如孟子所谓"饱暖逸居而无教者"矣！故夫居之以群居之地，教之以善教之人，俾学者于是而学其当学之事，此陈君所以继侯君之志也；而诸人所副陈君之心者何如哉：是有在于学者而尤有系于教者焉。古者，二十五家之里，门有塾，塾有师，不特为士者学，民之朝夕出入，必受教而后退，是以风俗厚、伦纪明，人人亲其亲，长其长，族姻乡党，相友、相助、相扶持，蔼然仁让忠敬，自家庭达于道路，虽里巷之民，莫不有士君子之行。当时之教，必有异于今者。今之教于书院者，诚然如古旧习不变，而蒙山之民新矣，不然，教之数十年犹夫人也。书院之名曰："正德"，而于正民德之实安在？陈君之所期果如是乎？陈君，瑞之高安人，宽易倜傥，重义轻财，尝冶银于兴国，所获赢余，悉施与客游天京，为贵近所喜。受中旨来莅是官。先是官课不办，民立重困；又取木炭于瑞城、龙兴。不胜其扰，为言于当路，凡场所输，杀四之一，官自买炭，不及于二郡。律己公廉，而办课优敏，公私便之。观其所责于己者若是，其实则其所期于人者，从可知也。

——清同治九年版《上高县志》

正德书院记

进士姚云（高安人）

蒙山界瑞、袁、临三州，宝藏兴焉。盖天地精粹刚明之气，所融液也。天生五材以足民用，日用而能知者，谁欤？凡人，禀金气以生者，其德为义、为刚果、为明达、为好义之君子。出为世用，可以正君定国、敌忾，即戎顾辱于物之宝而贤之，宝未著焉！何也？嗟乎！古之化民成俗者，其必由学乎。学者所以辅相裁成天地之德而立于正者也。于是，提举陈侯以忠，修学淑人之意，庶乎可以见天地之心矣。先是有居是官者曰，冀人侯字兰昊，廉而贤，不私货利，爰立书院，以正德名。鸠屠，未即功去。代为是官者，黩货罔众，凶焰炽然；五县为炭，救死不赡，昊暇学之渠渠者，狐瞳蛾术之矣！侯，里人也，官他州若疚于怀，亟走阙下言状。臣世冒国恩，兹场隶也，知空穴甚宝，以民成本也。地偏户瘠，固文母汤沐，邑赤子也。勿暴征，便幸如臣言，即课负毁家以输，在廷察其诚奏，特命君当道者愎而墨淫威败谋侯欣然曰，吾为两宫争黔首代受炮烙之痛，苟以此获戾，愿甘心焉。既涖事，悉行所言，绥靖万姓，而常赋益无缺，于是，知民富可以教，大捐己资，修废庠，聚党士，立师焉。耆耋咸叹，俊士奋励，交颂迭誉，相率来告于乡之老。姚云曰，兴书院前此矣，复兴日方乎，此其未复也，败屋如瘵人立灌莽中，乌睹所谓书院者哉。今孔堂巍巍，灵光冉冉，室厦庖厨，栉比以整。讲有堂，燕有寝，释有门。崇墉键筑，以戒不虞。五采焕然，毋汰官制。其春秋裸瓒有容，冠佩咸秩，器服不假。且曰，是不给于养者，且益田聘寿俊可以为师者，必乡评选悉革裕学庶士、知圣绪文统之传者远也。吾徒州里之见也，抑此事非常有者，例春秋，宜特书子之文，行远矣，乞一言通诸四方，可乎？余不得辞，乃告之曰：人禀禀五行之精以生，生以五精为用。金，四物之一，备用，而非为宝也。精、气为物，秀于物者，为人。人之生，知者鲜矣，未有不学而知。因而学者，学犹冶也。金不冶，矿而已；人不学，璞而已。圣贤非异，冶也。因天地所生以养民者，聚之曰府因其所养，导之以教；为事正德，三事之纲领也，所以教也。蒙之地近宝，故民机巧而趋利，鄙于（狭隘），故士塞而忠，其秉泯好德，何可哉！继自今立，先觉以觉，后致多闻，直谅以辅仁，迪其良知昏；垫于利欲，情以文礼，毋浸渍于固陋，正大易理财之辞，明大学为利之义，必有杰然出为世用者。且乾具四德，始元终贞，贞元相推，其行为金，为义。六府，地产也。必格物致知，立教三目。四德，天禀也，必尽性知天克学之极。此古者门塾美化之所先，非正义之君子孰察乎。此陈，代为著姓。诸大父义气广交多致天下，豪集如齐诸田鲁、朱家绿槐，弦壶严泉萤雪事，尚在长老之耳，固吾旧游也。今复能崇儒兴化以接乡人于道，其源流远矣；传曰：虽无德与女，式歌且舞陈氏之德，民歌舞之矣；古有隐君子，欲聘金谢楚相耕于蒙山之阳者，今庶几犹有斯人乎；吾安得有而共评之。

——清同治九年版《上高县志》

正德书院田记
邹民则（邑人）

　　大哉：教之感人深也。尝读宋景文"成都祠碑"，称文翁治蜀，肇开学校，以诗书教人；后宋高朕复能兴完石室之祠，二贤并列，流风遗韵，千载如新。蒙山之学，前提举侯孛兰奚创之；观复公重修之事，虽同而实不同。夫以成都之富饶二千石之气势，兴造学官，材力优赡，命相如为之师，则有以教，省财用、更徭役则有以养，是经久之制，已寓于开创之初。高朕继之，不过兴其废以完之耳，岂若正德之建，功仅数椽，学官无以养廉，生徒无以供给。才逾两纪，上雨旁风盖存乎；赋于民者有定制，贡于上者有定额，虽欲修葺，无所取材，因循颓倾，势所必至，非我公以咳，唾万金之意气，廓万问庇寒之规模，锐所急修，成所未备，八年之间，始终不倦，安能焕乎其更新巍乎其壮丽也？不惟兴学以美乎观瞻，必欲置田以资乎久远。捐资不吝，益务扩充；好义之士李瑞卿李祥卿，又能体承，以成其美。崇奖风厉，其申上司而益孜孜焉。新庙貌，置祭田，劝讲以礼士，课试以崇文，作养人材，以备选用，几可为斯道计者，靡不留意，其功固倍于高朕也。民则初而倡开端之义，既而效纲雅之力，今而睹飞之气象，喜增衍于膏腴，致请于公立石诏。后，公曰："教思无穷，即人心之碑也，焉用石？"邹民则曰："不然。教与养不可偏废，田与学相与悠久，公之兴学、置田，用心勤矣；不有共功德，谦矣；然不可使后来者不知得田之难也。自兹以往，主领敦劝固不乏人，职教书堂，有如传舍，其人贤，虽无纪，载之文，自有道义之味，万存一焉。瞻兹碑之穹然，过其下而眦睚愧者，或有所不为；惧者或有所不敢，则斯碑也，未必非扶植之一助也。谨以公所置赡学租谷、租钞及李十月悉以官所得俸，为文庙创修祭器。庙制窄狭，则捐已地以拓大之。大成殿东西二梁蛀益坏，官吏仰视，窃叹几年，于兹于乙卯腊辇美材撤而易之。凡瓦甓砖之破缺者，焕然一新，具见宗庙百官之美富，皆清则力也。至其父子之竭力于是也，不以微名，不以于利，不以求福，其所以励流俗而树风声，诚不可不使后来者益加劝力勉，愿为记之。予爱曾公叙其事核，而不浮不滥，可以风、可以劝力也。"复为之言曰：修学，多矣。有取办于众力者,有望给于有司者,有借之以为名者,有饰其旧以为欺者,有更其一二反不如前者,有增益其所不必有者,有苴漏而张大之者,皆非能善所事也。若一家之力,一士之志,既捐俸以为公用,亦捐地以为庙基;事虽浅小,而其效甚大。一出一纳,苟不欺,则公矣。况不有其所当有也,事其事而不矜其事者,已难矣;况事为众人之事,而独捐其所甚爱;以众事为己事也,余安得不急(亟)称之以示奖劝哉。呜呼!人不知事夫子则已,倘知事夫子当必竭尽其心,昔,夫子食于少施氏而饱,退而言曰:少施氏食我以礼,夫事者多矣,固有厚于少施氏者矣,固有勤于少施氏者矣,岂尽非礼哉;而夫子独以少施氏为礼者,何以其出于诚也。然则清则善之事夫子也,固于捐俸、制器、助地、立庙而见其诚矣。吾故乐为之记。曾公又言毅夫多善举,乙卯五月,涝骤涨,一日夕高数丈,雨盖升屋颠,数日不火食,其父子具饭,促舟往食之。邑人高其谊,所济不可胜计。水去,米值腾涌,为粥于门食饿者,日千人。或持金转,谋鬻利,谢曰,吾非不爱汝金也,留此续乡人食是,皆急义轻利,宜牵连得书。延祐三年夏月辛卯朔。

——清同治九年版《上高县志》

正德书院记
许善胜

皇元以神武定天下,江南宾附于今二十余年矣。天下日兴于文,上恩深厚,郡县置学书院,凡学田,悉予士,供其廪,稍膳馐。立之师儒,有县教授、书院山长、州郡正录教授,各道有提举。总之,以养以教,勉励敦劝之官相望。家于儒者,复之子弟;通一艺者,复之身。其大意,将取材,他日为国家用也。中原衣冠、京邑宦游,往往留意于诗书礼乐之事,视学校为先务。凡南方有学,修举竞劝,兴之以为政绩,故文治日以盛,此蒙山正德书院所由设也。蒙山故冶,官在宋中叶,有白金发其山,民凿山取之。岁久,益深。匹夫荷锸入深采矿,熔之辄得金。以故,人富饶,环山而处者,胥靡之与居,钱铸之与稽。苟山有矿,家有金,岂复知天壤间有道德文物为何味。也哉;甲戌岁,瑞守臣以地归职方、利自锱铢,皆藉以闻朝廷,设有司,提举其事,而冀人侯君莩兰奚居是官,始至,慨然而叹曰:圣人有云,十室之邑,必有忠信。既庶矣,既富矣,又何加焉!曰:教之。兹乡不十室止,既庶以富,惟利是嗜。习与性成,岂无忠信士生焉。俗实移人，弗虑而图，国家化民成俗之意戾矣！吾尝读书入官，使斯人见利不知义不可，况为吏，当以制书从事，可以治官司诿哉？里有老儒，就而谋曰：吾将筑精舍于是，新斯人耳目也。众曰：幸甚。则上其事于宪、于省。咸曰议是，此文翁治蜀意。侯君踊跃兴事，割己俸为之。以至元辛卯冬设位清溪，越三年，告成。中设礼殿，先圣南面，四公侑坐，祠祀诸贤，两庑，前殿，三门，又前为棂星门，后为讲书堂，翼以斋舍，庖湢具备，而侯君去职。又明年，始建官，而庐陵彭卿云、瑞阳邹民则、邹宗伯继领学事，协力绍功修庙造祭器，招来学徒。路总管乔大中，提举陈以忠，复嗣兴之。凡侯君欲为未竟者，以次就绪。会仆由翰林供奉来掌两道学事，二邹君来言曰，吾山界临江、袁州，二郡学在万山间，峰峦四合，山水透明，真讲习胜地，具片石，久将从先生谋不朽焉。仆闻而叹息曰，嗟夫！贤哉。侯君已非有督责，又非通邑大都，学校教化，非其所职，乃能宣上得意，慨然以兴学为亘，一指顾间，扇炼化而弦歌，畚锸侪于俎豆，障利习之狂澜，起文风于日微。贤哉侯君！二三君子善继人志，以底于成。今衣冠锵锵，颂声洋洋，固将乡鲁、山龟蒙、而水洙泗也！顾不盛欤，抑书院之额名曰正德，诸君子亦尝致思已乎：正德利用、厚生，盖虞书三事，昔有圣人曰，尧悯一世，不亲不逊；思所教之，以正民德，以为民用之未利，民生之未厚，是奚暇礼义也？于是，命禹平水土，稷播百谷，垂为共工，益作朕虞，为斯民计甚备；命契为司徒，使教焉。孟子所谓匡之、直之、辅之、翼之，又振德之，是已使生富、且厚用利、而便恣其血气之知；耳、目、鼻、口、四肢之欲，日日相寻于无穷，攘攘熙熙强凌弱，众寡以力相雄长，尧虽圣人，将不能以治今。吾与若而人相安于分义以生以养者，果谁力哉？是德也，天为五气，人为五性，日用为五教，虽有智慧、贤、不肖等殊，自有生以有形气禀拘前往物欲蔽后，二者相因，沉酣不悟，得于天者始昏，善复之则未尝远也。原于一念之隐，发于父子、君臣、夫妇、长幼、朋友之接，各得其分；而圣人之愿塞矣。孟子曰，尧舜之道，孝悌而已矣！尧舜，大圣。学者望之如登天，然孟子接引后学，以为近在徐行后长之间，然则圣人之道，宜若无复难者，今侯君与二三君子，是学也，岂以为是观美，哗众，要誉、为己之居游讲事乎？是有事乎？圣人之所以教脱略利欲之凡近，致心天理之高明，于性分之固有、职分之当为、孳孳勉焉，自尽其力，求无愧于正德之名可也。不然，诵尧行桀，唛齐、躬盗跖；学自学，行自行。奚其正吾为山川病诸吾党之士。观斯额也，循其名、核其实；登新堂也，切问而近思，真知而力行，将见。诜诜良材、明德辈出。此山也，与白鹿洞安定俱重，岂非世道之福哉！延祐二年冬十一月承事郎江西等处儒学提举许善胜记，集贤学士资德大夫赵孟頫书。

——清同治九年版《上高县志》

二、古桥

桥，津之梁也。一水中分，三山半落。蒙山千山万壑，汇溪成港，自成水系，流入梅沙江、锦江。蒙山、末山俱在邑之南境，蒙末诸水，俱北流面入蜀江（即锦江）。

蒙山古桥，择其要者如下：

郭陂桥、均陂桥：二桥在蒙安上。与孝义之蓝塘桥，清义上之河南桥，清义下之钊田桥等相次喜塘洞水经此。

正德桥（图十一）：在鉴里炉址坪西山涧，两墩二孔，飞架于涧水之上。涧水汇蒙山北坡、南坡之水夺涧而出。因旧时正德书院设在附近而得名。

云蓝桥：在圣济寺前。宋政和丁卯十二月修，张楠有记，见艺文。

云蓝桥记
张　楠

上高招提，八十余区。惟蒙山对济，蔚号名蓝；前看流水，甃石为梁。普度往来，巩固雄甚。余传闻旧矣。因平田托宿，遂获观赏其上。首斋公戒行修洁，

图十一　正德桥

图十二　梅沙桥

理性通悟，言论洒落，殆邑缁之白眉者也。且见语曰：此山绝岭有二洞，乃神灵窟宅，每云雨渝然出焉，则是境必雨。遇岁旱，官吏祈祷，应不旋踵。故四方远近占雨旸者，虽他山环列，独望此山云气之隐以为信。兹欲以云名桥而愿记之乎？余答曰：善哉！以名蓝云气之异，而石桥跨前，然则揭名云蓝桥乎。出信制义，为雅称矣。昔唐永州境有袁家土曷，由塙而西南，得石渠田，石渠西北下，汲石涧，民皆桥其上，亦无甚奇诡也。文人柳子厚尚记之，夸示来许，矧兹胜概，可无纪耶？帮作数字以叙其实云。

——清同治九年版《上高县志·艺文》

罗公桥：在蒙山。元时提举陈以忠甃以石。

梅沙桥（图十二）：在忠义上梅沙村。桥上原有亭，蒙山袁岭上梅诸水经此。

梅沙桥又名金锁桥，位于县城南17公里处之梅沙村，上（高）分（宜）公路东侧，横跨江口水上，建于明末。是一座三孔两墩石构拱桥。县志载："梅沙桥上有亭，蒙山、袁岭、上梅诸水经此。"清光绪六年曾大修。桥体保存较好，但原桥所附石刻碑文均遗失。但据查上高《梅沙李氏族谱》，载梅沙桥赞诗云：

图十三 普济桥

两岸桥横秋复秋，玲珑锁钥曲江流。
无烦锻炼金熔巧，但觉磨砻石砌稠。
冠盖遥临驱马过，栏杆静倚看鱼游。
扬州廿四何须数，雁齿平分月色幽。

塘陂桥：在蒙安上。塘陂桥上有亭，水源出塘陂罗姓后龙山坑。

邓家桥：在蒙安下。

敦仁桥：在蒙安上儒里。嘉庆丁卯，伐石修建，知县刘丙有记，见艺文。

江口桥：在江口圩。蒙山至儒里，末山至均陂水均经此。

普济桥（图十三）：在深村土斜口。宋淳祐辛丑，知县江湘重葺，延袤十丈，易名惠政。明初圮于水，后县丞扬从礼甃三石墩、架以木梁。寻圮。设官司渡。

三、蒙山古村

小步村　在水口圩西南2公里蒙山北麓，上蒙公路南侧。相传黎明英兄弟由新余递步迁此已38代，以祖居递步而得名。

老水口圩　在水口圩西南0.5公里处，相传黎姓于清乾隆间由大田迁此立基，因地处蒙山北麓诸水东流出口处，原名水口圩。1972年公社迁其东侧0.5公里处，取名水口圩，原址则改为老水口圩。

潢　里　在水口圩西1.5公里后龙山下。《钟氏族谱》记，钟仕华于宋元符间由分宜石马徙此。村建山下，地低积水，故名。潢者，积水也。

皂　江　在水口圩西偏南2.5公里处，相传李新甫由宜春株树下迁此已18代，地处山冈皂树边。"冈""江"谐音，故名。

大土斜　在水口圩西南2公里炭子岭山坑内，相传黎氏于明正德间由小步上屋迁此立基。村立于一块大土斜地上，故名。

院　坑　水口圩南偏西2.5公里炭子岭山坑内，山势四合，形似庭院，故名，相传黎姓于明嘉靖间由小步大屋迁此。

楼　下　始名澜溪，在水口圩西北4公里瑶咀垴脚下，《东南晏氏族谱》记，晏鸾于五代末由宜丰沙塘迁此开基，清嘉庆间潘始迁此继居，因村前立有牌楼，故名。

牛　陂　在水口圩东北6公里上新铁路西侧山坑旁。相传游姓于明末从查山迁此，故名梅溪，后因溪上筑陂，村以陂名。

竹坝坳　在水口圩北6公里山坳内，有竹林堵口，形似坝挡，故名。王姓由陷里迁此已4代。

陷　里　在水口圩北5.5公里山丘旁，相传王姓从瑞州沿水江王家迁此立基已17代。后潘姓从楼下迁此。村建山坑旁，此地多陷里，故名。现为王、潘聚居地。

桃　源　在水口圩北5.2公里桃源山麓，村以山名。《桃源黄氏族谱》黄从善于宋咸淳庚午由斗门迁此。

罗月庵　又名罗鱼庵。在水口圩西北4公里山谷中。相传黄姓兄弟于明洪武二年从林竹村迁此，村以庵名。

陂　下　在水口圩北偏西3公里小山旁，《荥阳潘氏族谱》潘选于宋中叶由宜春黄土岭迁敖阳澜溪，溪上筑有土陂，村建其下，故名。

林　竹　在水口圩西北2.5公里山丘旁。《桃源黄氏族谱》黄仕文于宋中叶从宁州（今修水县）迁此，村建林竹之中，故名。

富　坑　在水口圩西北2.5公里山坑旁。黄姓于明洪武二年由林竹村迁此。村建墓山旁，始名墓坑。后以美好愿望改今名。

浒　江　在水口圩西偏5公里天南麓。《东南晏氏族谱》晏明于五代末由宜丰沙塘迁此开基，村立于山水之间，浒者，水边也，故名。

严　坑　在水口圩西北5.5公里北岭亭山下，《中南宴氏族谱》宴祖华于北宋时由浒江分居至此，始名东严坑。

茭　湖　在水口圩西北2.5公里山坑内，《澧溪晏氏族谱》晏姓于明嘉靖间从新余楼下徒此。村建茭笋塘旁，故名。

抗头湾　始名抗头，又名湾溪，在水口圩东偏北1公里灵峰山下，《东南晏氏族谱》晏麟于五代末从宜丰沙塘迁此。

陂　头　在水口圩东北3.5公里小溪水陂旁。相传晏姓于明洪武间从浒江迁此。

下罗港　在水口圩东偏北2.5公里龙虎山下，相传罗姓立基，地处罗港下首，故名，晏姓由抗头湾迁此已11代。

桥　西　在水口圩东偏北0.6公里太平山下，《抗头桥西晏氏同修族谱》仁武、仁辉于明洪武中期由抗头湾迁此，村立石桥西头，故名。

堆　下　在水口圩东偏南1.2公里土堆下首，相传袁姓于元朝中期从翰堂有源迁此。

堆　上　抗头火车站所在地，在水口圩东偏南1.8公里上新铁路东侧土堆上。《抗头桥西晏氏族谱》仁辉于明洪武中期由桥西迁此。

新　村　在水口圩西南7.5公里白泥石山下，72户，337人，耕地684亩。《晏氏族谱》晏方卿于宋绍兴六年由浒江迁白石上坊山咀虎形前立基，始名鄰溪。此地多产白理石，又名白石。1959年修建蒙山水库，原白石村被废，村民迁今址，改名新村。

大　田　又名陷田里，在水口圩西南3.5公里上（高）蒙（山）公路南侧。相传黎明英兄弟由新余递步分居至此38代，村址位于宽大田边，故名。

塘　上　在水口圩西南3.5公里山丘下，相传晏姓于明初由浒江分居于此，村立于水塘北侧，故名。

邹　江　在水口圩西南4.5公里小山旁。《钟氏族谱》钟汉彰于元初由潢里迁此定居，相传邹姓开基于冈上，"冈""江"谐音，故名。

柘　兰　在水口圩西南6公里蒙山水库东侧。相传黄姓于明末由鹄山迁此。

高　家　在水口圩西南6公里柘兰东侧。高姓开基，《黄氏族谱》黄连英由鹄山迁此继居已16代。

石　溪　在水口圩西南4公里蒙山北麓。黎姓于清初由小步上屋迁此，村立于石山下小溪旁。

清　湖　在水口圩西南5公里蒙山北麓。相传廖姓开基。《黎桢五墓碑》桢五于清初由大田迁此定居，村旁有塘，塘大如湖，水清见底，故曰清湖。

麻　石　在水口圩西南5.5公里松山壁北面，海拔800米，大田黎姓于清初在此建立护山棚。此地多麻石。

钧石塘　在水口圩东南5公里钧石山下泉塘边，《东南晏氏族谱》晏先于五代末从宜丰沙塘迁此。

肖　坊　在水口圩东南6公里上新铁路西侧，《肖氏族谱》肖德孚于宋代由高安肖坊南山迁此，因不忘所出，沿用祖居名。

大　泉　在水口圩东南6公里田中。《菱湖傅氏族谱》傅德高于宋淳熙间由新余水北五塘傅家迁此，村前有大泉塘，故名。

丁　家　在水口圩东南6.5公里田中，丁姓从上高城南丁家迁此已9代。

上　塘　在水口圩东南7公里上新铁路西侧。黄姓于清初由新余鹄山迁此，村立于水塘上首，故名。

芦家田　始名潭泉。在水口圩东南5公里小山旁。《晏氏族谱》晏有火亘于明嘉靖间从塘西（今钧石塘）徙此，后丁口繁衍，在塘旁芦苇田里建立晏氏宗祠，村因此得名。

鹅　塘　在水口圩东南4.5公里山坑中，《晏氏族谱》晏齐道于明洪武初由钧石塘迁此，相传旁水塘常有天鹅飞来沐浴，故名。

土　库　在水口圩东南4.5公里土丘上，《晏氏族谱》晏有振于明成化间由钧石塘西徙此。

袁　家　原名洋港。在水口圩东南10公里山丘上，《袁氏族谱》袁淮于宋中叶从丰城汝南迁此。

棚　下　在水口圩东南8公里棚下水库坝道，原为芦家田晏姓庄棚。相传晏壤三于清光绪间由芦家田迁此定居。

充　武　在水口圩东南10公里小丘上，《充武傅氏族谱》傅充武于明初从高安傅家圩迁此。村以基祖之名而得名。

花园里　在水口圩东南11公里上（高）新（余）公路西侧。相传欧阳氏由钧石塘迁此已34代，村以风景优美得名。

上　棚　在水口圩东南8公里龙门山下，清末芦家田晏同二迁此搭棚定居，因位于棚下上首，故名。

马湖村　据《上高县地名志》载：马湖"在南港西南上（高）分（宜）公路旁"。

又据《马湖曹氏族谱》载，马湖有泉自南山下石窦出，渟潴为小湖。中有石横枕，状马，故名。宋真宗二年，曹彬至此开基，后发展为上马湖、员山、桥边、郑家、山口等村，统称马湖。明万历年间，曹汝兰中进士之后，其子曹杞、孙曹志明皆为举人。

又：员山又名马湖，在南港西南5公里上（高）分（宜）公路旁。《马湖曹氏族谱》载，曹彬兰于宋真宗二年由南京随父入蜀灭寇病留于此，村旁盘曲一峰，形如覆釜，故名。

又：上马湖，在南港西南五公里处，上分公路旁，《马湖曹氏族谱》载：四十六郎于宋建炎间，由东路迁此。地处马湖上首，故名。

又：桥边，在南港西南4公里石桥边，《马湖曹氏族谱》载：四十郎于宋宣和间由员山迁此。

又：郑家，在南港西南5公里小丘上，据《荥阳郑氏族谱》载：郑存远于明洪武年间由县城瑶坊迁此。

又：山口，在南港西南5.5公里石山下，以地处两山之口而名；又名湖山。据《湖山李氏族谱》载：李彭于宋咸平年间由吉水谷村徙此。

马湖村的地名由来目前虽仍未找到其与蒙山银场开发有渊源关系，但据《马湖曹氏族谱》序中所透出的信息看，仍可窥见"曹彬于宋真宗年间由南京随父入蜀灭寇病留于此"，有关，入蜀灭寇必带军队、马匹；"病留于此"，也绝不可能只是曹彬一人而已；结合民间传说"太子壁村由来"之说，太子也好，曹彬也罢，他们及随行人员成了蒙山深处原住民的重要一支，矿工中或户长中曹姓名单也历历列入"封禁碑"所附诸多百姓之内，足以为证。

四、咏蒙山诗文

蒙岩祷雨二洞记
蔡大年

蒙山距上高邑治之南四十里，界乎山之巅，有二石洞，相望数百步许。人以上、下洞名之。图牒无傅。而父老言，唐故道明禅师遇蒙则止之地也。人世祠其洞以祷雨，应若桴鼓往往。旁近郡邑，咸奉祀焉。三年夏，旱甚。七月己巳，县大夫临川李侯恻然疚怀，乃虔恭帅僚属祈之洞中。还甫及郭，雷电交至，自晡雨至夜半，平地水盈尺，已而霈泽。弥旬，远近沾被，岁得中熟。越明年，夏，复亢阳。六月戊子，侯复与吏民步祷祠下，是日也，云物之变不减先岁，夜分乃雨。己丑越辛卯，大雨三日而止。于是一境欢呼，相与动色，而山中之人，皆欲纪其异，且以予从侯游此山而得其详也，乃谒予记焉。惟兹山穹窿崔巍，去平地不知其几百尺也。岩深谷幽，壁立千仞，而洞之邃深，又不知其几百里也。上洞不可游历，玉沼当户，泓澄绀碧。临其旁，肌体生栗，不可俯视而，惟下洞舒豁，可具烛以游人，故好事者得寓目其间。自洞户而趋，直石室焉，纵广可十尺；循石室之东，有冽泉焉，其间琮流，若漱鸣玉。凡祈雨者，必酌载瓶瓮以归，谓为圣水。由泉之两间，或陟或降，崖断而更续，路穷而忽通。仰而望之，磐石隐然，有似仙蜕其上者；佛髻累累可数，则谓之罗汉坐是也。又有巨石屹立岩间，疑若上下无所附丽，视之使人凛凛，畏其将仆，则谓之无根石是也。客凡至者，悉栖息其上。最后，有看径石台者，其平为如砥。狮子石者，其攫如生；复有石盐、石果之类，千态万状，不可殚名，云烟葱茏，今古一色。吁！是真仙灵之所窟宅者耶？不然，何以感格精神、指挥风云若是其速也。先是，大夫之始至，执祀事也。神灵顾答，变化尤伙，修蟒伏其前而若相迎，仙鼠飞其语怪，故不尽谈耳！大夫行将上其事郡国，以纪山泉之灵矣，因书圣境之大概，所以感雨之迹如此，使后来者有考焉。大观四年七月戊戌，宜丰蔡大年记。

蒙岭积雪

李　坚

东蒙山在敖山东，缥缈天花喷六龙。
旭日光浮琼岛动，春光寒透玉梅重。
腾空淡挂苍崖月，倒影寒流碧海虹。
下有石门梁氏宅，虚岩青锁白芙蓉。

蒙岭奇云

熊茂松

芙蓉翠削乱山头，一片烟岚鸟外浮。
几度漫疑仙子斾，洞箫吹彻锦城秋。

蒙山谣 二首
邑人 吴学诗

碧削千峰云莽莽，骑茅野人日十止。
山中虎猿号且饥，采粟盈筐大于掌。
东涧吹寒野水绿，村舂应水声断续。
归来负米白于银，漫向人间歌脱粟。

蒙山秋行

径幽水抱客子入，鸟鸣木落秋山空。
断岩云去虎穴出，幽壑月归蛟宅通。
左碑卧藓字仍赤，老鹤呼松巅欲红。
独怜僻地伤摇落，曲涧凄凄动夕风。

登蒙山 二首（其一）
邑令 陆时雍

筍舆攀石磴，秋爽气氤氲。
怪窟留余润，高峰碍过云。
鸟鸣深树杳，人语半天闻。
欲洗襟怀俗，呼泉茗碗董。

第六节 蒙山考古遗迹记录

蒙山古银场考古遗迹丰富，目前已发现的采矿洞有 27 个，露天探槽与槽坑各一个，炼渣堆积区四处，矿区内及通往新余、分宜的古道四条，桥梁两座，书院旧址及寺院旧址各一处，矿山管理处旧址一处，护卫性的土垣五处，此外，在矿区内采集到从宋到明的瓷器残片若干。可以说蒙山古银矿的考古遗迹是非常多的，这些考古遗迹用实物证实了蒙山银矿的开采年代及开采规模。

（一）矿洞

1号矿洞（图十四）

东经：114°52′39.0″　北纬：28°03′27.4″　海拔：370米

该矿洞位于太子壁松树山兀立石灰岩壁下部，洞口宽2米、高1.10米，洞口内呈40°坡道斜向下开掘，至5.80米处时洞宽6米，高0.80米，在西南

图十四　1号矿洞

方向有一支洞，长5米，洞最低处高仅0.38米，宽0.8米。此处为丁字形左右分为二洞，右洞宽2.6米、高0.8米，呈30°坡向上，至纵深5.60米后无法进入；左洞呈40°坡向下，口长2.80米、宽2米。此洞至12.4米处又有一竖井，井深达39.9米，此后该洞宽3.4米、高2.5米，至29米处与平崖相连平窿，并与洞呈丁字形左右延伸，平崖宽2.70米、高1.85米，右窿3米后十分低矮，无法进入，左窿纵深7米后亦低矮，难以进入，此矿洞内的竖井左侧有一支洞，洞宽1.9米、高2.3米，洞深16米时与平崖相连，此矿洞采掘方法是由斜巷分为支洞，又转入竖井（亦称盲井），再继续分为左右支洞，由追踪矿脉决定多

形式采掘方向。

围岩为灰矿岩，洞壁见有方解石脉。

2号矿洞（图十五）

东经：114°52′32.5″　北纬：28°03′35.3″　海拔：471米

该洞位于银洞山，洞口位于石灰岩裂隙下部，当地俗称"扁槽洞"。洞口宽1.05米、高2.80米，西南向深进掘，洞深18米后缓坡下采，洞内宽度0.7米、高度1.1米，纵深达24米后出现盲井，照射观察内碎石杂乱，似系封禁时填塞，实际深度无法测得。

该洞与21、22、23号矿洞相邻，从洞口外岩壁题刻（图十六），可知此洞早在宋代宝祐年间已开采，至明代万历年间封洞停采。题刻分上、下两部分，另还有一断裂题刻弃于其旁。地质学家南延宗在曾调查过此洞，并将观察辨认的题刻作了详记，现录于下：

此洞名扁槽，系里面用大石填塞一十五丈深，封禁永远，再犯者定问遣不饶，奉委防守羊坡哨南昌卫中所功升百户范，奉瑞州府同知杨，掌上高县事知县陈县丞黄，通判沈，推官刘，典史李，主簿李，奉道按察司屯田副使朱

[道按察司]右参议支

道按察 司签事方近奉

[道按察同命，令]羊坡哨范百户督同南田团禁带领亲兵一百名督同乡兵烟目立碑封禁。

图十五　2号矿洞

图十六　2号矿洞题刻

万历二十三年春月，封禁填塞

宝祐三年六月户长曹仁七廖花二李绍九晏辛三简化二陈春一黄线二曹……

3号矿洞（图十七）

东经：114°52′00.0″
北纬：28°03′22.7″　海拔：357米

该洞位于一高崖断壁下，断崖高26.38米，其下部为一竖井，坑口径为3.15米，高3.80米近似圆形，借助绳索下至坑底，方知坑深6.70米，坑底左侧沿北东和南西两个方向各开拓矿洞，惜有积水无法进入。

图十七　3号矿洞

在竖井上部的断崖明显见有人工使用铁工具开凿痕迹，凿痕竖排，斜排均有，6—8个间距约15厘米排痕清晰可见，断崖开采从上部8.16米处往下均可见凿痕，这是从露天劈壁采，转入地下的由竖井为先行开拓，再较入多条斜向开拓方法。

围岩为石灰岩，竖井上部石灰岩断壁有多处裂隙，主裂隙宽0.3米~1.18米。

4号矿洞（图十八）

东经：114°52′52.8″
北纬：28°03′22.5″　海拔：529米

此洞位于太子壁松树山上，洞口宽2.8米、高1.50米。该洞因年久已淤塞无法进入洞口，上部崖壁破碎状较多，溶孔分布崖壁密集，孔径5cm~10cm。洞口两侧

图十八　4号矿洞

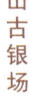

围岩为层状石灰岩，方解石脉发育，并有细小褐铁矿和方解石脉出现，洞口处围岩中方解石脉厚度达十余厘米。

5号矿洞（图十九）

东经：114°52′52.8″
北纬：28°03′22.5″ 海拔：529米

该洞位于太子壁村松树山上石灰岩壁底部，洞口朝东南向，洞口宽3米，高1.60米，向北东西向掘入，此洞开凿在灰岩中，岩石倾角较大，矿洞沿岩层斜下进入，坡度变化较大，洞口处近40°，向内逐步趋缓，洞深4.60米后，因矿脉起向变化而分叉，洞的高度由洞口的3米，渐变为1.2米，宽度也由洞口的3.12米，渐变为1.1米~1.42米，右向支洞宽1.06米，高1.43米。掘入至3.26米处之右侧有一长3.50米、宽2.33米、高5.12米的圆锥形采空区；开入采岩区左上角继续往前掘，此洞口仅宽0.67米、高0.83米，于进深2.58米深度后因积水无法测量，左向支洞宽1米、高1.8米，掘进至4.3米时采幅渐变为0.7米，而中间部分采幅增大为1.54米，并从洞深4.39米处左转入3.13米后又进入一长4.07米、宽2.85米、高7.12米的圆锥形采空区，随之右转继续掘进，右转洞口仅宽0.51米、高0.92米、纵深5.15米，后因积水无法测量。

图十九 5号矿洞

围岩为石灰岩，洞壁仅见似层状或脉状白色方解石，并见方铅矿等矿物残留物。

6号矿洞（图二十）

东经：114°52′53.6″
北纬：28°03′23″ 海拔：515米

图二十 6号矿洞

该洞位于岩壁下部，洞口平面为 2.4×1.1 米的矩形竖井式开采，往下开采 2.8 米后向南西方向延伸，因矿洞内积水无法进入。

该洞位于太子壁松树山下。

围岩为石灰岩，岩壁见有方解石脉。

7号矿洞（图二一）

东经：114°52′53.9″　北纬：28°03′23.2″　海拔：484 米

此洞位于太子壁松树山。洞口处于石灰岩断崖下，洞口由岩壁向内开掘，

图二一　7号矿洞

洞口宽 2.42 米、高 1.63 米，由于被全部填埋，洞内情况暂不可知。

围岩为石灰岩，含方解石脉。

从填埋情况分析，其下限应在明万历年间封禁停采。

8号矿洞（图二二）

东经：114°53′06.7″　北纬：28°03′18.1″　海拔：523 米

该洞位于太子壁村公路右侧山上，因堵塞洞内情况不明，残留洞径在 1.26 米~1.54 米间，洞口被完全充填。

图二二　8号矿洞

洞口围岩为石灰岩。

9号矿洞（图二三）

东经：114°52′43.3″　北纬：28°03′29.2″　海拔：522米

该洞位于岩壁下部，洞口宽0.97米、高1.32米，缓坡由高而低进入，洞

图二三　9号矿洞

进深13米处被填塞。矿洞坡角15°，围岩为石灰岩，岩壁及洞壁见方解石脉。

10号矿洞（图二四）

东经：114°52′45.1″　北纬：28°03′29.8″　海拔：504米

图二四　10号矿洞

图二五　11号矿洞

该洞位于太子壁松树山的岩壁之下，该矿洞洞口为两洞口进入而汇合于深部，一洞口宽0.42米，一洞口宽0.52米，进入口实为一洞，洞内缓坡进入，坡角12°，主洞宽5.24米、高1.53米、纵深5.28米，洞内有支洞两个，第一支洞洞口宽0.86米、高1.31米，洞内宽0.45米，延至8.10米后被堵塞，第二支洞（右）洞口宽1.2米，洞内宽0.63米，高1.27米，延伸3.08米后被充填堵塞。

围岩为石灰岩，洞壁见有方解石。

从洞内被堵塞及临近矿洞的类似情况分析，堵塞时代为明万历年间。

11号矿洞（图二五）

东经：114°52′39.0″　北纬：28°03′27.4″　海拔：370米

该洞位于大窝里肖家后山，为蒙山目前所见最大的矿洞，深度长达85.62米，采场内部规模大，形成连续五个坡段阶梯式向下递进，因追踪矿脉，洞内转折多，宽窄变化明显，该洞呈西南向45°坡度向下掘进，掘进之初，即现一长13.25米、宽7.22米、高7米的宽大采空区，右侧有一低于洞底2.03米，短径为5.16米，长径为6.87米的盲井式采坑相连，在竖井另一端又出现第二大采空区，此采空区宽6.62米~13.5米、高3.56米~4.02米、纵深10.58米，规模亦较大，在其右侧又有一低于洞底2.22米的盲井深坑，深坑长径6.12米、宽2.10米。该采坑底部岩壁之下有向下掘进的斜洞，无法测量，在主洞深24米处有一宽1.29米、高3.65米的支洞呈50°坡下斜，坡长10.30米处右转呈70°坡下采，宽度1.46米、高3.66米，坡长7.72米段有人工开凿台阶，拾级而下，台级高0.23米~0.28米，台阶末端随之左转继续向西南开进，呈40°坡道向下开采，洞口宽1.32米、高2.23米，坡长5.84米，向一北西南东向，平窿与之斜交，平窿宽1.16米~2.05米、高1.73米，长23.86米（南东向长15.85米，北西向长8米），接触交点采进22.58米后又出现一盲井，井口宽0.62米、长1.04米、深8米。

围岩为灰岩，洞内岩壁见方解石脉，呈层状，洞底有巨晶方解石及锰铁团块。

12号矿洞（图二六）

东经：114°52′23.9″

北纬：28°03′35.9″ 海拔：446米

此洞位于太子壁银洞山，洞口宽1.72米、高0.65米，洞内宽3.09米、高2.34米，向偏西向掘进，呈50°坡道向下采进，纵深达20.15米后见积水，无法继续观察测量。

围岩为石灰岩，洞口处岩体多见裂隙，方解石呈脉状出现。

图二六 12号矿洞

13号矿洞（图二七）

东经：114°52′31.3″ 北纬：28°03′33.8″ 海拔：466米

该洞位于岩壁下部，洞口上部岩石破碎，洞口已被废石封堵，无法进入，通过洞隙目测深度超过15米，洞口长径1.87米、短径1.54米。

围岩为石灰岩，洞上部见有方解石脉。

图二七　13号矿洞

图二九　15号矿洞

图二八　14号矿洞

14号矿洞（图二八）

东经：114°52′31.0″　北纬：28°03′33.8″　海拔：466米

该洞位于太子壁银山洞，洞口地面较平坦，洞口宽0.84米、长1.22米，垂直下采，从洞口进入，至3.72米后，向西采进，呈28°坡道下采至2.25米处后因早年用废石堵塞无法进入。

围岩为灰岩，洞壁见方解石脉。

15号矿洞（图二九）

东经：114°52′33.6″　北纬：28°03′35.1″　海拔：466米

位于银洞山之大自然溶洞口处，洞口宽1.72、高1.33米，呈缓坡状向内采进，洞内高1.08米、宽4.63米、深11.12米。

围岩为灰岩，岩壁见方解石脉。

图三十　16号矿洞

图三一　17号矿洞

图三二　18号矿洞

16号矿洞（图三十）

东经：114°52′33.0″　北纬：28°03′35.1″　海拔：466米

该洞口与15号洞平行，位于银洞山大自然溶洞岩壁底部，洞口外面较平，洞口近正方形，边长1.24米，于洞口高1.15米的底部，洞口变为宽0.6米、长1.2米之矩形，呈竖井式下采，深度为12.8米。

围岩为灰岩。

17号矿洞（图三一）

东经：114°52′33″　北纬：28°03′35.1″　海拔：466米

该洞位于银洞山大自然溶洞内壁，洞口宽6.12米、高1.55米，洞内宽4.33米、高0.82米，北面向掘进，至洞深13.27米处后由于封堵，无法测量。

围岩为石灰岩，岩壁见方解石脉。

18号矿洞（图三二）

东经：114°52′33.0″　北纬：28°03′35.1″　海拔：466米

位于太子壁银洞山，该洞开掘在大自然溶洞底部，洞口较平坦，洞口宽1.23米、长2.75米，呈75°坡道向下开采，深达3.65米后渐趋平缓，洞内宽1.23米、高1.54米，向西采进，纵深达

第二章　蒙山历史文献与考古资料

93

19.17 米处呈 T 字形，左右分为二洞，左洞洞口宽 1.23 米、高 1.52 米，进深 14.32 米后无法进入，右洞洞口宽 1.23 米、高 1.53 米，进深达 15.16 米后无法进入。

围岩为石灰岩，岩壁仅见方解石脉。

从该洞内采集到明代中晚期青花瓷碗底残片，最晚年代为明万历间即被封禁停采。

19号矿洞（图三三）

东经：114°52′33.0″ 北纬：28°03′35″ 海拔：466 米

该洞位于银洞的大自然溶洞内底部，洞口呈平面向下掘进，洞口宽 1.83 米、长 2.12 米，洞呈 50°角坡北西向下采，洞内宽 1.64 米、高 1.85 米不等，因采追踪矿脉开采，故而形成洞内乍宽乍窄，多有转折，坡度起伏大，洞深 11.70 米后又呈 25°坡角向下掘进，深达 20.5 米无法进入。

围岩为灰岩，见有方解石。

20号矿洞（图三四）

东经：114°52′33.0″ 北纬：28°23′35.1″ 海拔：466 米

位于银洞山开放式自然溶洞上部，洞口宽 1.84 米、高 1.62 米。全洞贯通，由洞口呈 30°坡向上掘进，洞长 13.50 米。

围岩为灰岩，洞壁可见数条方解石细脉。

此洞距 2 号矿洞仅 16 米，2 号洞最早开采于南宋，故此洞最

图三三　19号矿洞

图三四　20号矿洞

早开拓为南宋，至明万历年间与 2 号矿洞同时停采。

21 号矿洞（图三五）

东经：114° 52′ 30.0″　北纬：28° 03′ 36.8″　海拔：45.2 米

该洞位于太子壁银洞山的石灰岩岩壁下部，洞口向上呈一宽 1.35 米，长 3.50 米，矩形，洞口岩壁上人工开凿的一宽 0.82 米、高 0.85 米、深 0.25 米方形神龛，神龛上下，左右，后壁均平整。洞口向下垂直深度 4.5 米，由洞底向左开入，洞口宽 0.70 米、高 1.63 米，洞口有清晰凿痕，洞内 3.58 米后与天然溶洞相通，

图三五　21 号矿洞

溶洞最高处10.65米，最宽处3.11米，洞上有石幔，钟乳石，底部有20厘米~30厘米高的石笋，洞口至溶洞内15米处有一吊井，井口不规则，长径2.16米，短径1.75米，测绳测深有顺壁下滑有抖动感，该吊井似有一定斜度及井壁有微凹部分，从测绳抖动次数可知井壁不平之处，至少有三处，深度达53米后受阻无法下垂测量。

该洞上部岩壁上有题刻（图三六），有的因日久风化难辨，可识字如"□□通判""万历己未二月□□""奉□江西□道府赐同日□□"等，参考旁洞题刻

图三六　21号矿洞题刻

文也应系封洞禁采之题刻公示碑文类。

据碑文可知，该洞于明万历间停采。

22号矿洞（图三七）

东经：114°52′27.4″　北纬：28°03′37.9″　海拔：461米

位于太子壁银洞山石灰岩壁之下部，此洞已被填塞，仅见洞口宽3.02米、高0.66米、深2.82米。

洞口岩壁处有碑刻（图三八）三处，碑文不多，因年久风蚀程度高，可辨文字如"□□通判""万历己未二月□□""奉□江西□道府赐同日士□□"等。

据题刻可知，此洞停采填塞于明万历年间。

图三七　22号矿洞

图三九　23号矿洞

图三八　22号矿洞题刻

23号矿洞（图三九）

东经：114°52′30.7″　北纬：28°03′36.5″　海拔：453米

位于太子壁银洞山灰岩壁下部，距21号矿洞距离仅3.65米，洞口宽1.12米、长2.52米，垂直深度4.06米，向南东向掘进4.07米后即被填塞，未被填塞部分，洞高1.72米、宽1.53米。

围岩为石灰岩，岩壁仅见脉状方解石。

洞口上训岩壁上保存有早年题刻（图四十），可辨文字有："可识如禁……万历十四年……填塞南昌工……范石产……"

据碑文可知，该洞停采于明万历年间。

24号矿洞（图四一）

东经：114°52′31.6″ 北纬：28°03′35.8″ 海拔：463米

该洞位于太子壁银洞山，洞口前较平坦，洞口宽1.23米~0.71米，长3米，向下垂直切入，进深4.35米后于洞底左向掘进，洞口高1.6米，距洞口0.43米后洞高度为2.63米、宽1.146米，深入4米后右转呈80°，基本垂直下采形成一斜向开，因乱石堵塞，垂深不详。

25号矿洞（图四二）

东经：114°52′33.4″ 北纬：28°03′36.7″ 海拔：431米

该洞位于太子壁银洞山的2号矿洞陡坡下处，洞宽1.75米、高1.92米，向下采进，深6.16米后被废石充填，洞口凿痕清晰。

图四十　23号矿洞题刻

图四一　24号矿洞

图四二　25号矿洞

围岩为灰岩。

从洞所处位置，与邻近洞同时于万历年间被堵塞。

26号矿洞（图四三）

东经：114°52′32.2″　北纬：28°03′16.0″　海拔：476米

该洞位于太子壁银洞山的灯挂芯里处的陡坡下部，因洞口小，无法进入，洞口观察可知该洞有较大坡度向下延伸。

围岩为灰岩，见细线形方解石。

27号矿洞（图四四）

东经：114°52′35.4″　北纬：28°03′17.2″　海拔：486米

该洞位于银洞山灯挂芯里（当地也有称高山壁），洞口位于石灰岩较大块体下部，洞宽0.75米、长1.25米，洞深1.84米处向左进入，洞底宽2.32米，高1.85米，深4.83米。

围岩为石灰岩，见方解石脉。

（二）探槽与槽坑

1号探槽（图四五）

东经：114°52′00.1″　北纬：28°03′28.1″　海拔：396米。位于太子壁村山背后，与3号矿洞相望。由于长满芭茅，加之所处地势又较高，无法详勘。

探槽是古代沿着露头矿追踪矿苗开拓沟槽前进的一种露天采矿方法，

图四三　26号矿洞

图四四　27号矿洞

图四五　1号探槽

由于此探槽已形成自上而下似壕沟工程，由于日久天长，长沟内生长的芭茅特别葱绿，从远处看，对比周围植物，其十分茂盛齐整，形成了一条植物绿色宽带，根据植物绿带和近前勘其深度可知，探槽为长条弯曲式，长138米、宽15米，深度为4.7米，由于深度较浅，故可知当年利用这种开拓方法是追踪上部最富有的矿脉，矿脉走向为北西向，矿脉宽度、长度、走向又决定着探槽的开拓方向和深度，这是一种经济而又有实效的开拓方法。

1号槽坑（图四六）

东经：114° 52′ 19.1″　北纬：28° 03′ 19.6″　海拔：375米。位于1号探槽下，两处落差21米，此槽坑为不规则形，长径61.5米、短径9.1米，面积约520平方米，槽坑的采掘深度1.6米~5.90米。

此槽坑底部为缓坡式，坡角25°，斜上式开拓，当年开拓槽坑目的是采露头的富集矿，当调查获知其地有矿苗露头后，即沿矿脉从上至下沿着坡角开拓，其开拓的前端往往是矿岩分布最低处，于是形成从上至下，又从低往高处交叉式的破岩方法，至今两侧和前端的岩壁上仍可见人工开拓的痕迹，通过人工开拓的岩壁断裂而明显区别于喀斯特地貌的自然裂隙，在岩壁上还可见齿状铁质竖条破岩工具痕迹，槽坑的开拓是当年又一露天开拓方法，它与探槽相比，其长度不如探槽，但相对而言，宽度往往较其宽，如发现富集于地表的矿岩，往往采取此种开拓方法。

图四六　1号槽坑

（三）炼渣堆积区

东湖炼渣堆积区（图四七）位于东风桥西约 2.5 公里的东湖村西北方向，堆积多沿水库边缓坡地带分布，有不少已被库湖水淹没，其真正的全貌堆积情况难以知晓，此处离采矿区远，直线距离应在 2.5 公里以上，据群众反映，此处为百姓私炼银之地。

图四七　东湖炼渣堆积区

从现存堆积来看，分为第一、二、三、四地点，第 1—2 地点距离 21.6 米，第 1—3 地点距离 28.7 米，第四地点至今仍被湖水淹没，只露出水面一小部，第一、二、三地点距离第四地点约 102 米，现将四个地点堆积情况分述如下：

第一地点（图四八）：东经 114°50′58″　北纬 28°03′53.0″　海拔 97 米。堆积形状平面而呈不规则形，长径 37.8 米、短径 18.4 米，面积约 674 平方米，堆积厚度 1.52 米 ~4.13 米不等，从堆积保存情况分析，原有堆积应更高、更大，因在通往东湖村 1.5 华里路上均见有炼渣铺路迹象，很可能早年被村民运去铺路，除炼渣堆积外，夹有大量黏有渣瘤的炉壁块，另还见有类似东风桥炼渣区发现的用高岭土烧制的硬质陶棒。

炼渣中含有辨明时代的瓷器残片，主要是碗底片和杯类残片，明代瓷片居多，年号分别有天顺、正德、嘉靖、万历，以

图四八　东湖炼渣堆积区第一地点

万历青花碗底片居多,由此可见,其炼渣堆积年代主要为明代中晚期。

第二地点(图四九):东经114°50′55.6″ 北纬28°03′47.3″ 海拔99米。堆积平面形状为不规则形,面积较第一地点小,长径23.5米,短径15米,面积约340平方米,堆积厚度4.80米~3.12米之间,现有堆积明显被近代掘去一部分用于铺村庄交通路,炼渣堆积较为纯净,除了表面长有杂草外,均为炼渣堆积,从断面上看除有大量炉壁块外,还有成层的瓦砾堆积夹于炼渣中,均为板瓦,内面为细麻布纹。

图四九 东湖炼渣堆积区第二地点

此地点炼渣中夹有的瓷片年代跨度大,从宋代至明代,主要有南宋时期的灰白陶罐肩部环耳,明代嘉靖、万历青花碗底片。

第三地点(图五十):东经114°50′58″ 北纬28°03′63.0″ 海拔103米。沿湖边呈条状堆积,旁有清代墓葬群,有相当一部分被湖水淹没,难以窥其全貌。从现存状况看,为一长径102米、短径56米,面积约520平方米,堆积厚度因被水淹,岸上厚度2.20米~4.80米不等。除有炉壁块外,还有明嘉靖、万历朝的青花碗底片。

图五十 东湖炼渣堆积区第三地点

第四地点(图五一):东经114°51′32.3″ 北纬28°03′48″ 海拔94米。现大部分被水淹,只露出一小部分,在退水季节曾去调查,当时显露面积为一椭圆状,长径78米、短径70米,高3.5米~2.8米不等,分布面积约4980平方米,

图五一　东湖炼渣堆积区第四地点

堆积中采集的瓷片见有元代青釉高足杯把、明代青白釉碗底、明代褐黄釉碗底片，说明其大面积的炼渣堆积至少在元代就开始了。

东湖炼渣区分布范围由于长年有湖水淹没，其分布面积难以确切计算，有待日后冬季调查可能获取更多资料。

东湖炼渣区的炼渣同东风桥区一样较为破碎，为何出现如此情况，这又可能与主要以民营经营为主，考虑到其离矿山远，是否还有民间私自采矿逃税所为，或是偷官矿来此私炼的历史情况，也有可能第二次对炼渣进行提炼的可能。

在东湖还见有在其交通要道上有一明代石桥，桥立面为拱圆形，桥的一侧有达123米长的土石围堰，从桥形和建筑材料及土石沙围堰使用石灰拌糯米作为黏剂的做法，应是明代江西石灰椁墓常用的建筑材料，因而东湖明代石桥与当年明代冶炼区生产、生活交通关系密切，应属东湖冶炼区的附属建筑。

火烧山下冶炼堆积区（图五二）

位于烧山山脚下，其旁有一古道通往山上，其距鉴里冶炼区约340米。东经：114°51′47.4″　北纬：28°04′14.0″　海拔：

图五二　火烧山下冶炼堆积区

109米。由于其为原蒙山林场房屋破坏，堆积分布为一不规则形，长径62米、短径41米~22米之间，面积2216平方米，堆积厚度6.8米~2.10米不等，炼渣主体堆积上覆盖1.2米厚的砂土，上长满芭茅。炼渣破碎较严重，中夹有大量炉壁块，采集到元代青白釉碗底片、明万历青花碗底片，说明其炼渣堆积形成于元代至明代。由于近于现代公路旁，其主体堆积很可能近代筑路作为路基掘去了相当部分。

鉴里炼渣堆积区（图五三）

东经：114°51′48.2″　北纬：28°03′58.6″　海拔：132米

位于矿山较低处，与矿山海拔最高处的13、14矿洞海拔落差434米，加之其周围有泉水溪环绕，周围有茂密的阔叶林木为燃料的保障基地。

现残存的炼渣堆积十分壮观，连成一片，为不规则形堆积区，长径173米、短径112米，厚8米~19.6米。据当地人反映，20世纪50年代炼渣堆积厚度至少在25米以上，日后的数十年中，由于人为拉去修路做路基垫石原因，其堆积厚度至少减去1/3，即便如此，按现在堆积立方计算，至少还有上百万吨炼渣存在，它是蒙山开矿历史悠久，矿山规模大的历史见证。

此地在20世纪70年代所绘地形图名称为"简里"，极有可能是测绘人员与当地人交谈中因口音难懂，故取"鉴里"谐音，因清代县志上所记为"蒙山鉴"，故应取"鉴"名。

图五三　鉴里炼渣堆积区全景

图五四　炼渣堆

图五五　炼渣块

炼渣堆（图五四）几乎不含现代堆积土，炼渣块（图五五）裸露于表，堆积中的炼渣块大、中、小均有，大者重达五六十斤，表面坑洼不平，表明冶炼时，金属液体在高温下流动性能好，冶炼水平相对高。地矿部门曾于 20 世纪 80 年代对该处炼渣进行过化验分析，炼渣中银含量 10 克 / 吨、铅 1.11%、锡 1.91%、钴 0.006%、铜 0.196%、氧化锰 11.17%、氧化钙 11.57%、氧化镁 3.51%、二氧化硅 24.2%、三氧化二铁 3.5%、氧化铁 34.55%、三氧化二铝 3.84%，铁的物相分析亚铁高，是冶炼炉温较低的缘故。

炼渣块的背面为蜂窝状，背面有的为弧形，大块的为平板形，弧形渣上部薄，下部厚，其厚度大都在 5 厘米 ~8 厘米，这些渣块现象说明，其冶炼炉的下部旁边掘有排渣弧形坑，当渣从炉体下部的渣孔流出后，即通过管道将废渣引入渣坑，因而形成扁弧形大渣块，整块渣破碎后，会出现有的底平，有的底弧的渣块。

炼渣堆积中还包含数量不少的瓦砾和炼炉壁块，瓦大多为灰白色内面为细布纹的瓦面。炉壁块为内弧形，内面为渣流黏接，黏渣与厚约 12cm~15cm 的烧土块相连，烧土断面呈红、灰白、灰黑数种；近渣流黏处多为红色，渐次为

第二章　蒙山历史文献与考古资料

灰黑，后为灰白色，这是近炉温渐次演变所至，从堆积情况看出倾倒于此。

炼渣堆积物中能辨明时代的为陶瓷片，主要见有南宋青白瓷碗底产品和明代民窑产的青花瓷残片。

此地亦称炉子坪、炉渣坪，应是蒙山银矿最重要的一处冶炼区，由于古代冶炼，每座炉子服务年限较短，故就地毁炉筑炉现象频繁，至于炉子情况，还有待于日后考古发掘，才可能获取更为丰富的资料。

东风桥炼渣堆积区（图五六）

东经：114°51′40.8″　北纬：28°03′26.6″　海拔：108米

此次调查前并未发现，在此次调查过程中由于当地疏浚泄洪道，将水抽干，将渠道两侧的炼渣显露出来，尽管上部覆压有1.85米~2.96米不等的山坡冲刷的堆积土，但从沿渠剖面看，其炼渣堆积相当厚，有的地段厚度达8米~9米，以东风桥为界，渠道上下游均有，下游地段较短，上游地段较长，上游延至瑶下村，据当地群众反映，早年此处为百姓自炼银之地，炼渣堆积形沿湖水弧状分布，长径38米，短径92米~43米，水边显示厚度一般在0.3米~1.10米左右，其下还深入至湖底。

在堆积中夹有不少黏有炼渣瘤的炉壁块，炉壁块呈内弧状，烧土材料为高岭土夹砂耐火材料，烧土颜色不一，分别呈红、灰黑、灰白，这是由于接触炉内温度不一而导致。在炉壁块较多的地方还发现有残断的陶棒，一头大，一头略小，用高岭土烧制而成，比炉壁块更为坚硬，其作用不明，有推测是炉条，

图五六　东风桥炼渣堆积区

也有推测为堵塞排渣口之用，其真正作用有待于今后炉基出土印证。

此地堆积的炼渣较其他地点破碎，尤其与其地势较上的鉴里炼渣区相比更显破碎，这有可能是民间采户在此冶炼，将大块炼渣击碎后第二次冶炼。

此炼渣区采集瓷片最多，几乎包括了南宋至明代大多朝代器物，所反映的窑口较多，具代表性的有南宋吉州窑烧造的黑釉兔毫盏、剪纸贴花等名贵品种盏，湖田窑烧造的宋元之际的影青碗，明代早、中、晚三个时期的民窑青花瓷，这里的冶炼历史悠久，也可能是仅次于鉴里的最大冶炼场。

（三）古道

蒙山古道大体分为三类，第一类为矿山古道（图五七），这种古道分布在各采矿点，大多为砂土小路，很少见有石板铺路，这种古道功能单一，其专为本采矿点运送矿石和人员物质；第二类为通往矿山中心（图五八），即以鉴里冶炼区—蒙山鉴（务）—正德桥—正德书院，这样一条联络交通线，这条古道路面较采矿点小路更为宽阔，在其陡坡处和人员常往来处还铺有石阶，如正德

图五七　矿山古道　　　　　　　　图五八　矿山中心古道

桥至正德书院路段，石阶路面也较宽敞，路面无障碍物，宽幅大都在一米以上；第三类就是通往邻县的新余、分宜商贸道，这类道路在大多数地段都铺有石板路，长度达5公里，至山下。

蒙山上高段通往分宜古道（图五九）

图五九　蒙山上高段通往分宜古道

此古道位于山上高点处位置：东经114°52′19.6″　北纬28°02′37.5″　海拔323米。

山下低点处位置：东经114°52′03.2″　北纬28°02′32.4″　海拔242米。

山上山下落差达105米，可见蒙山跨县处地势陡峭。古道的横幅无障碍面一般至少在1.20米以上，中间所铺石板路大多已磨去棱角，显出光滑面，可见其年代久远以及人员往来频繁。石板大多在25厘米见方，每块石板间距多在5厘米~10厘米之间，有的平铺成一条直线，遇坡处则呈台阶式，转入山弯处则形成S形石路弯道，从蒙山的矿业中心至分宜与上高在蒙山交界的另一个村庄南村，石板路长达6公里，在其至南村近山脚处，还见有清代村民捐款维修古道的石碑（图六十）。

图六十　蒙山至分宜古道捐资碑

蒙山上高段通往新余古道（图六一）

此石板路起点为大窝里村，在其山腰测点为东经114°52′55.7″　北纬28°02′49.0″　海拔437米。整条石板路长达13.5华里。

通过对重点路段的调查获知，此古道除铺设块状石板外，如若遇岩石出露地表坡处，则利用原基岩开凿石台阶，在基岩石阶上至今仍清晰可见其侧面和正面铁质工具打凿的痕迹。在古石道旁

图六一　蒙山上高段通往新余古道

图六二　通往新余古道旁的休息台和泉水

还有人工砌筑的休息台（图六二），即将2—3块大石块平置于道旁，其近邻有泉水，显然这是当年人员往来饮水休息之处，此歇息点处在半山腰，当年上下山人员大都在此停息。

上述两条翻山石古道保存完好，路线之长，历史风貌如此之好，极为少见。

（五）桥 梁

正德桥

正德桥（见前图十一）在鉴里炉址坪的西山涧，两墩二孔，架于涧水之上，涧水汇蒙山北坡、南坡之水夺涧而出。因旧时正德书院设在附近而得名，蒙山千山万壑，汇溪成港，自成水系，流入梅沙江、锦江。

正德桥至今保存完好，桥面全长8.28米，宽0.96米，桥面用六块大石板两两拼合搭于两墩和桥之两端，桥面石平整光滑，厚度为28厘米，至今未见大石板裂痕，充分说明其选材坚实，桥中央为两墩，形成三孔石桥，由于从桥的侧面看无拱圈，因而此桥为梁桥，桥的基础部分分为桥墩和桥基部分，桥墩用大石料砌筑，从俯视看为船形，一头翘起，起翘处为上流，俗称分水尖、迎水尖。桥基构筑很值得注意。它是用坚硬无比的大块炼渣砌筑，至今通过水的洗刷，炼渣块还压于石墩下，这只有在矿山才见有这种材料用来作为桥基主要垫基料，这与南宋福建采用蛤蜊黏结为基础的建桥方式类似，这不能说此桥构筑的独特性。

桥的立面高度 2.65 米，整座桥构筑小巧、端庄、秀气，与山涧水，群山环抱环境融为一体。

从桥形和构筑材料来判断，此桥的建筑年代应与正德书院始建年代同时或稍后，其桥形有别于江西宋桥和明清时代桥，那么其年代应在元代。

（六）书 院

正德书院旧址地

正德书院旧址（图六三）根据文献记载和实地勘察，大体在东经

图六三　正德书院旧址地

114°51′47.3″　北纬28°04′08.6　海拔142米。即距正德桥约1华里处，夜合山脚，与鉴里炼渣区相对应处。

据文献记载，从元代至元二十七年（1291）始，到至元三十年（1294）建成，当时是因蒙山矿业兴盛而设立的书院。设于蒙山鉴里夜合山南面，在蒙山银场大发之时，管理官员、眷属、工役、民夫等大批来到蒙山，开发银场，于是在蒙山兴学，除学习文化知识外，其性质还有培训矿业人才作用，由蒙山银场提举姜荣首倡在蒙山建立正德书院，至正二十八年，提举孛兰奚扩建，规模壮观。当年有大成殿、两庑、明伦堂、致思堂、佑善堂、先贤祠等。内置有果

行、育德、正蒙、修身、明道、丽泽六斋，为生徒修身读书之所，并建有舞雩序、蒙泉序、观复楼为游息之所。

正德书院以名师主持，曾延请邹宗伯为训导，邹民则为主讲，由于书院名气大，元代大书法家赵孟頫特为其题写"正德书院"石匾额。

正德书院先后有名士许善胜、吴澄、姚云、邹有则题记。对于正德书院的记载，清同治九年版《上高县志》卷三书院篇有详载录于下：

正德书院，在蒙山之阳，元至元二十七年，提举姜云建，时邹宗伯为训导，礼请邹民则讲书，公余，率属听讲，邹民则因讲《易》，山下出泉，蒙君子以果行，育德，故书院以正德名。有大成殿、两庑、明伦堂、致思堂、佑善堂、先贤祠。分果行、育德、正蒙、修身、明道、丽泽六斋，以居生徒，并建舞雩序、蒙泉序、观复楼以为游息。当时赞襄之者，提举侯孛兰奚也，寻圮。延祐二年，提举陈以忠鼎新之，且增田以裕师生膳。许善胜记，赵孟頫书，勒石，吴澄、姚云、邹民则亦有记。元季毁于兵，惟集贤院学士赵孟頫所书"正德书院"额尚存，明万历十年概毁天下书院，遂圮，基址长广百余丈……

此次调查到了正德书院基本方位，就在正德桥附近的一山脚台地上，考蒙山一带山脚一级台地还无如此大开阔地，现已长满茂密芭茅，人员难以进入，但从其台阶前沿还是可见其旧址地为一长约156米，宽约82米的长方形书院面积，其中心应是书院建筑组群。在此山脚前方边缘有高达2.58米~2.15米的石头护坡墙，墙体外侧石面较平整，用错落式垒筑法，石块大体在20平方厘米左右，中夹有小石块塞缝。护墙外有石板路，路面无障碍截面达1.80米，可见当年人流量之大，因调查难度大，建筑内涵有待于考古发掘。

蒙山正德书院开创了我国矿山学校先例，它起到培训人才、教化后代的作用。侧重品行教育的同时，还有可能传授矿山管理、找矿、采矿、冶炼等科学知识。在品行教育方面，如国家金库，采冶管理人员尤其须正身，这对于维持矿山秩序，保持稳定局面起着重要作用，正由于书院有其特色，请名师掌院讲学，故元代书法家赵孟頫特为其题写书院名。

（七）寺庙

圣济寺遗址

圣济寺（图六四）位于县南25公里蒙山北麓，今大庙乡政府所在地左后

图六四　圣济寺残墙

山根处。始建于唐初,宋、元、明三次重修,两次毁于战火。清顺治年间(1644—1661),思懒融和尚爱蒙山岩壑之胜,募资重建佛殿,开坛讲经。1958年,蒙山垦殖场设此。1974年庙宇被拆除。今遗石刻(图六五)一方,其文曰:"敕赐　圣济梵刹　唐朝佛国　嘉庆十五年庚午　洪岁八月。"

遗址呈坡地紧依宝盖峰山根,面积在宽100米,长(进深)200米左右,现为单位职工住宅区。但当年寺庙建筑石构件磉石、汉白玉块石料、墙基、水沟、接水台等仍散见于遗址处。巨樟、古柏仍存留在庙址前后。乡政府操场篮球架下一碑(图六六)汉白玉质地,宽约0.6米、高1.2米、厚0.1米,上镌孝徒

图六五　石刻

图六六　古碑

融慧 / 先师本真觉善禅师之茔 / 孝侄遍达、侄孙华峰 / 乾隆五十八年十二月 日立 / 碑文作自右至左竖排。

遗址旁尚有僧人墓塔多处。

据《上高县志》（同治版）卷九寺观篇载：

蒙山圣济禅寺　在县南三十里之善塘村。唐道明禅师开山，宋治平元年赐额，建炎戊申，僧绍济以地理术、咒水，得钱重修寺宇。堂阶、坛、座皆甃以石。县尉陈有声，邑人况师点俱有诗。元至正间，兵毁；洪武丙辰，僧湛然建殿宇五间，明季，又毁于兵。国朝顺治间，思懒融和尚慕蒙岩名胜，卓锡于此。集圣济派下僧悬路、修学等合捐资重建佛殿禅堂，开讲说法，参游者每岁数百人。嘉庆十五年夏，知县刘丙祷雨蒙山，见院宇颓败，捐廉书序，命僧募葺，且设位以祀蒙山之神。

据旧县志《寺观志》载，唐初，禅宗六祖慧能门下弟子道明，在蒙山创建圣济寺，后来，又有曹洞宗洞山良价的弟子普满到九峰创建了崇福寺。从此，圣济、崇福二寺东西并峙，各自弘扬本派教义，收徒说法，成为名播远近的佛教圣地。

蒙山圣济寺称圣济派，自开道场之后，信徒日盛，四方缙绅和本县官吏常前往祈福或祷雨。宋治平元年（1064），赐额"圣济梵刹""唐朝佛国"，元、明两代因兵乱寺院多次被毁。清顺治间（1644—1661）由思懒融和尚集门下诸僧募捐重建。寺分前后三进。寺内殿原有木刻长联一副，为明建文帝朱允炆手书。联云："佛自西域来，似大冶洪炉，是铁皆堪铸；僧归东蒙去，如孤云野鹤，何天不可飞。"至嘉庆时，又有御赐"圣济梵刹""唐朝佛国"两块碑石矗立山门左右，更显壮观。前来朝拜者甚多，最盛时几近千人。民国后声势渐衰，但仍有僧人住持。新中国成立前夕，因国民党地方武装自卫队头目曹忠率队驻扎，僧众避走，该寺空落无人。新中国成立后该寺已无宗教活动，但殿宇保存完好。"文化大革命"后期，因所在国营林场基建施工，将寺院拆除，千年古刹遂毁于一旦。

考蒙山圣济寺虽始创于唐，但极盛时在宋、元、明三代，与蒙山银场的兴盛息息相关，因其地处蒙山，与蒙山银场的银洞山银洞壁、太子壁采矿点相望，并有路相通，银矿开发盛期，矿工及其家属前来祈福、求平安者众，是圣济寺信徒的重要组成部分，圣济寺与蒙山银场相辅相成，互为因果关系。至今，遗存在银洞壁、太子壁各矿洞前摩崖石神龛的遗迹和尾子山祭祀台遗迹便是明证。矿工在进出矿洞时都本着对佛国诸菩萨的神像、神位祈求平安、赐福。即便祭台、神龛不在圣济寺内,但国人"敬神如神在",礼佛的善男信女待菩萨"如在其上""佛在心中",一样百般虔诚。

重修圣济院(记)
邑尉 陈有声

蒙泉距宜春,相去百余里。有僧来问余,借问何姓氏。乃余昔所敬,见之蹙然喜。叙余语未既,省记到山始。屋庐今何如?旧者存有几?一别十八年,再见复在此。僧云今胜前,百蛀费更理。昔茅塞蹊径,今道平如坻。昔门不容盖,今可驷结轨。昔堂地一坳,今去天尺咫。翚飞两庑列,翼从万瓦起。古殿布丹,云龛照青紫。临流地宽旷,一带碧清泚。竹院密回环,松关秀两峙。峰峦对青眼,泉石洗幽耳。最上两龙湫,层崖状奇诡。水旱凡祷祈,响答应甚迩。载念此招提,明禅祖基址。传灯焰不续,老子心所耻。庄严七宝界,因果非偶尔。问余求篇题,以为岁月纪。余老书最拙,况在尘里。欲到身未触,欲辍请未已。忽然若天会,拈笔书满纸。大空一浮沤,无成变无毁。广阔包八荒,敛藏归一指。道足满须弥,意合在稊米。幻成如是观,佛变不在是。虚空且光,澄波静无声。四山时自出云,一月照彻底。天开道门庭,不断佛种子。心地日杲杲,光照千万祀。

募修蒙山圣济寺序
刘丙

礼仲夏之月,命有司为民祈祀山川百源;命百县雩祀、百辟卿士有益于民者,以祈谷实。余为上高长,凡所以成民,而致力于神。上体圣天子敬天勤民之意,下为吾民谋利泽计久远者,皆躬所不得辞。上高僻处万山,坂坻截土丘,田畴高亢。灌输之泽,仰给于天。而兴云降雨,以时而济,维蒙山是赖。蒙山绵亘崔巍,崇峻幽深。扼塞邑西南,为筠州一大镇。古志称,常有白云蒙蔽其上。宋蔡大年记中,有二洞。上洞玉沼当户,不可游历;下洞虚豁,深不可究。有流泉涓涓,出于石窦,邑人祷雨,挹取以归,谓之圣地,盖为霖泽,旱恒响应,若桴鼓然。其上有寺,虽亦栖僧侣、供牟尼,实所以妥侑山灵也,故名曰圣济,厕义有归。寺创自唐，元、明之季，再毁于兵。国朝顺治间，思懒融和尚建复；其后，虽尝修葺，然至于今，栋宇几倾，垣墉半圮，不堪栖息。前者，亢旱兼旬，农妨树艺，修祀雩坛，廿霖莫沛。余偕汪南陔学博、林衡斋左丞，率邑人诣山谒，假寺斋宿。质明，礼成而旋，随车雨注，百里驻足，所在欢呼。山之灵可不谓神钦！所以妥侑之者，夫宁听其废坏而不为之所钦！夫礼，触御灾捍患，有功德于民，皆在祀典，况名山之在其地、长被利泽于吾民者。泰山之云，触石而出，肤寸而合，不崇朝，而雨偏天下。天子秩而祭之。蒙山之泽，周乎一邑。或远逮于邻，封有司之祭，又岂其敢后？余于是敬制蒙山神牌，安奉于寺；令寺僧募资，重葺寺宇。余捐廉为之倡，倘食德而不忘所自，邑之人相与称量，捐输聿新厥旧，俾有以妥侑山灵、有以斋宿，成礼答生，成于谷实，邀利济于无穷，则固非崇佛教、侈因果者流也。用为序。

圣济院

况师点

迢迢幽径入松关，四面云岚分外寒。

长啸一声山谷应，洞深惊起老龙蟠。

（八）矿山管理机构

蒙山鉴（务）旧址地（图六七）

东经：114°51′47.5″　北纬：28°03′56.4″　海拔：115米

据清同治年间《上高县志》记载："蒙山务，在县南四十里。宋庆元六年有银铅发泄于蒙山，于是即蒙山置场。至元十三年置提举司，拨袁、临、瑞三路民人三千七百户，粮五万二千五百石，办正课五百锭，又将炉内底锡黄丹，规划添办银五十锭，每年额办共七百锭。二十六年每银一两加粮五斗，大德十一年拨隶微政院管督嗣以工本不敷添拨粮五千五百石，立户粮一万二千五百石，通计每年实拨粮五万石，办到课银七百锭后因取矿年久，坑内深险，节用划道把火照入土，石坍塌，人多被压，兼以无矿可取，累年银课亏欠。至正十年提举陈以忠将前项缘由申报革罢。至洪武三十五年户部行事查勘，勘得前项银坑俱久不堪再煎取，具各委官并里老山隣匠作人等结状申送去，迄永乐四年

图六七　蒙山鉴（务）旧址地

　　锦衣卫校尉杨冬告称蒙山与瑞州上高县地面相接，原有银坑先年曾在彼起立炉冶，采取矿苗，扇炼白银，户部复行事查勘差办事官吴焘会同江西布政使司委理，问所提控案牍张凤带领谙晓匠作人等会集瑞、袁、临三府委官公同踏勘，看得前项银坑坐落袁州、临江、瑞州三府，分宜、新余、上高三县共十七处，除狗头脑等七坑坐落分宜、新余二县该管外，其余十一坑系隶本县地面，每日人匠不等用绳索将人悬下，每二月带椎凿、篾箩、油筒、串火各一件，逐一照下，各坑共取三十日，计人匠四百八工取矿不等，委无真正矿苗，竟选得焦矿一百八十角力，止煎炼至到白银八钱五分，解纳户部复题差官到务兴工查勘计其所用功数，多得银数少，不堪采取煎炼，请将前项银坑封闭。明万历间复开铅矿，而矿竟绝，以其亏官病民，遂以封闭。

　　上述文献对于研究蒙山银矿业开发史极为珍贵，它详细记载了从南宋庆元年间，历经元代，至明万历年间数百年矿山开发历史，由于矿业历史经久不衰，故朝廷在此设立蒙山务作为官方管理机构，然据县志上高方向蒙山图所示，不

第二章　蒙山历史文献与考古资料

见蒙山务，而只标明蒙山鉴，据图所示地点，我们对鉴里炼渣区的西侧地带进行了考古调查，并获得有意义的收获。蒙山鉴旧址地紧依鉴里炼渣堆积区，在环绕炼渣区水溪和围绕水溪外围的人工修筑上千米的土垣西侧头端，这儿有一处长径186米、短径78米的不规则平地，现仍有少量民居。农人在此搭有简易养牛场，在平地中央位置，由于农人翻土，在距地表约26厘米深处，在约2平方米范围内见砖、面、瓷片，有砖、瓦砾片堆积（图六八），有的厚达32厘米~38厘米，很值得注意的是在瓦砾堆积下，见有未经人工扰乱的铺地方砖（图六九）。这种方砖边长达34厘米、厚3.8厘米，青灰胎，表面黑衣磨光，十分平整，做工讲究，其质量堪比山东临清古代生产的金砖。另见有一完整的板瓦，厚度达3.2厘米，长17.8厘米、宽18.4厘米，灰白色，比普通板瓦厚一倍之多，这样考究的建筑材料，加之上部瓦砾堆积，应是建筑的使用年代，即铺地砖存在年代和废弃后的瓦砾堆积两个不同时期而形成的，当年矿工的住地为草棚类，而管理机构的建筑应是相对永久性建筑，从如此优等的建筑材料判断，它无疑是级别较高的管理机构建筑，这么大的旧址开阔地，很可能有成组的建筑群落，当时建筑布局，有待于日后的考古发掘工作。

至于遗址年代，除文献记载外，在废弃堆积中除见有大量麻布纹瓦外，还有残长23.2厘米、宽9.2厘米、厚2.8厘米灰白色长方形砖，更发现有能判断起始和废弃年代的瓷器残件，如元代青白釉碗底片，宽沿矮平足，胎厚达1厘米，内外施釉，外底中央乳突弦纹，内底刻划花卉。明代中期青花碗底残片，高圈足，内底绘草叶纹，明万历青花碗底片，矮圈足，说明其遗存年代至少为元代，其下限为明代晚期的万历年间，元代应是蒙山银矿的盛期，而明万历年间为终止期，因而遗址的兴衰与矿业兴盛密切相关。

关于遗存的性质，毫无疑问应是当时矿山的管理机构所在地，清代县志上的"蒙山务"和"蒙山鉴"两种说法如何判断，从所处的重要位置看，其旧址就在蒙山银矿的鉴里、东风桥、火烧山下三大冶炼区一带，尤其是蒙山银矿最大的冶炼区鉴里就是其旁，说明其管理在交通上十分便捷，加之由环绕鉴里冶炼区的土垣，及当年的矿山最重要的古道上的正德桥，正德书院即在其附近，这一带长期以来的蒙山银矿山的政治、经济、教育、商贸中心，在此设立官办机构是最为理想地点，至于是否称蒙山务，还是蒙山鉴，也可能早期称"务"，晚期称"鉴"。也可能是两块牌子，一套人马，总之该地点位置的重要性，及

图六八　瓦砾堆积

图六九　铺地方砖

土垣

壕沟

图七十　土垣

图七一　土垣下层

蒙山古银场

120

大量建筑废弃物和十分考究的大型建筑物优等材料，具有时代特征的瓷器都可以证明，此地的蒙山银矿的管理中心，其位置与县治所绘蒙山上高方向形胜图相吻合，即在鉴里，夜合山附近。

（九）土 垣（图七十）

东经：114°51′47.4″　北纬：28°03′56.4″　海拔：115米

位于鉴里炼渣堆积区的外缘，中间只相隔小溪。土垣呈内弧状，内弧面向炼渣堆积，全长148米，底宽5.6米~7.3米不等，靠蒙山鉴旧址地保存较宽，横截面略呈梯形，上下宽度相差36厘米，内弧向超级度较外弧面平缓，外缘坡角约75°，土垣残存高度2.46米~2.12米，土垣堆积大体上分上下两层，下层（图七一）高约0.76米~0.58米，均为大炼渣块夹小炼渣块，掺和泥砂土，上层为泥砂夹碎石，未见夯层，但能判断为人工堆积而成，在土沿外围见有一条与之相应的壕沟，壕沟宽度在6米~8米之间，近蒙山鉴旧址地的地段，宽达11.74米，从现存迹象看当年筑土垣时的地势为小溪旁有山坡围绕，当时就是用人工掘山坡土石，由于当时取土面宽，因而又形成了在耸立的土垣外，还留有一道壕沟，既可起到隔离作用，又与邻近的正德桥古通道相通，作为对外交通的重要通道。

土垣的堆积中，采集到了元代褐釉碗底片，矮圈足，厚胎。另见有灰白砖，长方形，长24.5厘米~22.8厘米、宽12厘米~8厘米、厚3.9厘米~2.5厘米。从采集物看此土垣至少在元代已筑成，它是当年蒙山银矿主冶炼场的建筑附属设施，其作用是用于冶炼场的管理护卫。

（十）考古遗存坐标

考古遗迹单位	东经（E）	北纬（N）	海拔（m）
1号矿洞	114°52′43″	28°03′28.9″	540
2号矿洞	114°52′32.5″	28°03′35.3″	471
3号矿洞	114°52′00.0″	28°03′227″	357
4号矿洞	114°52′52.8″	28°03′22.5″	529
5号矿洞	114°52′52.8″	28°03′22.5″	529
6号矿洞	114°52′53.6″	28°03′23.1″	515

续表

考古遗迹单位	东经（E）	北纬（N）	海拔（m）
7号矿洞	114° 52′ 53.9″	28° 03′ 23.2″	484
8号矿洞	114° 52′ 06.7″	28° 03′ 18.1″	513
9号矿洞	114° 52′ 43.3″	28° 03′ 29.2″	522
10号矿洞	114° 52′ 55.1″	28° 03′ 29.8″	504
11号矿洞	114° 52′ 39.0″	28° 03′ 27.4″	370
12号矿洞	114° 52′ 33.9″	28° 03′ 35.9″	446
13号矿洞	114° 52′ 39.5″	28° 03′ 32.2″	546
14号矿洞	114° 52′ 39.5″	28° 03′ 32.2″	546
15号矿洞	114° 52′ 33.0″	28° 03′ 35.1″	466
16号矿洞	114° 52′ 33.0″	28° 03′ 35.1″	466
17号矿洞	114° 52′ 33.0″	28° 03′ 35.1″	466
18号矿洞	114° 52′ 33.0″	28° 03′ 35.1″	466
19号矿洞	114° 52′ 33.0″	28° 03′ 35.1″	466
20号矿洞	114° 52′ 33.0″	28° 03′ 35.1″	466
21号矿洞	114° 52′ 33.0″	28° 03′ 36.8″	452
22号矿洞	114° 52′ 27.4″	28° 03′ 37.9″	416
23号矿洞	114° 52′ 30.7″	28° 03′ 36.5″	453
24号矿洞	114° 52′ 31.6″	28° 03′ 35.8″	463
25号矿洞	114° 52′ 33.4″	28° 03′ 36.7″	431
26号矿洞	114° 52′ 32.2″	28° 03′ 16.0″	476
27号矿洞	114° 52′ 35.4″	28° 03′ 17.2″	486
鉴里炼渣区	114° 51′ 48.2″	28° 03′ 58.6″	132
火烧山下炼渣区	114° 51′ 47.4″	28° 04′ 14.0″	109
东风桥炼渣区	114° 51′ 40.8″	28° 04′ 26.6″	108
东湖炼渣区第一地点	114° 50′ 58″	28° 03′ 53.0″	97
东湖炼渣区第二地点	114° 50′ 55.6″	28° 03′ 47.3″	99
东湖炼渣区第三地点	114° 50′ 58″	28° 03′ 63.0″	103

续表

考古遗迹单位	东经（E）	北纬（N）	海拔（m）
东湖炼渣区第四地点	114° 51′ 32.3″	28° 03′ 48.1″	94
蒙山鉴旧址地	114° 51′ 47.5″	28° 03′ 56.4″	115
鉴里炼渣区外土垣	114° 51′ 47.4″	28° 03′ 56.4″	115
1号探槽	114° 52′ 00.1″	28° 03′ 28.1″	396
1号槽坑	114° 52′ 19.1″	28° 03′ 19.6″	375
蒙山至分宜南村古道	114° 52′ 19.6″	28° 02′ 37.5″	323
	114° 52′ 03.2″	28° 02′ 32.4″	242
蒙山至新余古道	114° 52′ 55.7″	28° 02′ 49.0″	437
正德书院旧址	114° 51′ 47.3″	28° 04′ 08.6″	142
火烧山脚石围	114° 51′ 49.5″	28° 04′ 12.3″	120
火烧山脚中部石围	114° 51′ 51.3″	28° 04′ 10.6″	139
火烧山脚上部石围	114° 51′ 56.5″	28° 04′ 11.5″	173
	114° 51′ 57.1″	28° 04′ 12.4″	178
正德桥	114° 51′ 46.9″	28° 04′ 03.2″	129

（十一）采集文物

东湖炼渣区第一地点

编号：1 明天顺青花碗底片（图七二、图七三）

描述：内底点缀灰褐色青花，外底内心绘精线青花一周，高圈施釉厚，底径3.8cm。

编号：2 明嘉靖青花碗底片（图七四）

描述：内绘单圈齿状纹，外绘组合蕉叶纹，底径4cm。

编号：3 明嘉靖青花碗口片（图七五）

描述：内面绘单弦纹，背面绘缠枝花卉，尖圆唇。

编号：4 明嘉靖青花碗底片（图七五）

描述：绘菊纹，矮圈足，底径6.6cm。

编号：5 明嘉靖青花碗底片（图七四）

描述：内底绘虫草纹，外壁绘虫草纹，底径 5.2cm。

编号：6 明嘉靖青花碗片（图七四）

描述：外壁饰连续蕉叶纹。

编号：7 明正德青花碗底片（图七六）

描述：内底绘划叶纹，底径 5.2cm。

编号：8 明万历青花碗底片（图七七）

描述：内底饰点状纹，矮圈足，见铁红圈一道，底径 6cm。

编号：9 明万历青花碗底片（图七六）

描述：内底绘草叶纹，矮圈足，外底画押双圈，底径 4cm。

编号：10 明万历青花碗底片（图七八）

描述：内底绘草叶纹，矮圈足，圈足底中央见乳突，底径 5.2cm。

编号：11 明万历青花碗底片（图七六）

描述：内底心饰不规则圈状纹，矮圈足，底径 5.2cm。

编号：12 明万历青花杯底片（图七七）

描述：内底绘圈点状纹，圈足底心见乳突，矮圈足，底径 4.2cm。

编号：13 明万历青花碗口片（图七六）

描述：内底无纹，外壁饰条状纹，口径 14.2cm。

编号：14 明万历青花碗底片（图七九）

描述：外壁绘连弧纹，内底绘一草虫，内外底心无釉，底径 4.8cm。

编号：15 明正德乳白釉碗（图八十）

描述：外弧略有折腰，内外施乳白釉及底，口径 14.2cm。

编号：16 明正德青花碗底片（图八一）

描述：内底绘草叶与花瓣组合，发色偏黑，底径 5.8cm。

编号：17 明正德青花碗底片（图八一）

描述：内底绘草叶与花瓣组合，发色偏黑，底径 5.6cm。

编号：18 明正德青花碗底片（图八一）

描述：内底绘草叶纹，矮圈足，底径 4cm。

编号：19 明嘉靖青花碗片（图八二）

描述：内底饰串珠纹，外壁饰双圈纹，底径 4.2cm。

编号：20 明嘉靖青花碗片（图七五）

描述：内底饰Z形纹，底径5.4cm。

编号：21 明正德青花杯片（图八一）

描述：器壁薄，外壁绘花草纹，口径5cm。

编号：22 明嘉靖青花碗底片（图七五）

描述：内底饰柿蒂纹。

编号：23 明万历青花碗底片（图七七）

描述：内底心饰菊瓣纹，底径5.2cm。

编号：24 明万历青花碗底片（图七六）

描述：内外底心押款。

编号：25 明万历青花碗底片（图七六）

描述：内外施纹，内饰卷弧形条纹，外壁绘粗线波状纹，底径4.2cm。

编号：26 明万历青花碗底片（图七八）

描述：内心书草体字，圈足底中心押方款。

编号：27 明万历青花碗底片（图七六）

描述：内底饰曲折纹，矮圈足。

编号：28 柱状陶棒残件（图八三）

描述：灰红陶质，质地坚硬，一端大，一端略小，残长6.1cm，径3cm~4.6cm，与炉壁块同出，功用不明。

编号：29 板面（图八四）

描述：内底有细麻布纹印痕，灰白色胎，残长12，厚1cm~1.2cm。

编号：30—32 炉壁块（图八五）

描述：呈内弧状，内外黏有炼渣，炼渣面坑洼不平，外为坚硬灰黑红渐变烧结土块。

东湖炼渣区第二地点

编号：1 明嘉靖青花碗底片（图八六）

描述：系底部残片，内壁饰云气外绕草纹，外壁绘连续蕉叶纹。

编号：2 明嘉靖青花碗底片（图八六）

描述：内外饰纹，内底饰卷云纹，外壁间饰束纹。

编号：3 明万历青花碗底片（图八七）

描述：矮圈足，底心有一乳实，内底心见双圈青花黑点纹，底釉为浅黄釉，外底内心为青白釉，底径4cm。

编号：4 明万历青花碗残片（图八七）

描述：圈足，内心饰双圈栉状纹，外壁绘草叶层次组合纹，底径5.2cm。

编号：5 明万历青花碗底片（图八八）

描述：内心饰弧状纹，外饰蕉叶组合，施釉厚，圈足无釉，矮圈足。

编号：6 明万历青花碗底片（图八七）

描述：内心饰单圈斜线，外壁饰连续弧纹，底径5.6cm。

编号：7 明万历青花碗底纹（图八八）

描述：高圈足，圈足无釉，外壁饰蓝纹，草叶组合，内底饰卷草纹，笔法粗犷，上有双圈，底径5.2cm。

编号：8 明万历青花碗底片（图八九、图九十）

描述：内底心绘荷花，外壁绘卷草纹，矮圈足，底釉开冰裂，矮圈足，底径6.4cm。

编号：9 明万历青花碗底片（图八七）

描述：高圈足，圈足及外底无釉，内底双圈草书福字，外壁饰卷草纹，外底见放射状轮旋纹，中心为乳实，底径5.2cm。

编号：10 明万历青花碗底片（图八八）

描述：内底饰双圈荷叶纹，外壁绘连续蕉叶纹，发色浅，内外旋釉，矮圈足，圈足底见乳实，底径5.2cm。

编号：11 明万历青花碗底片（图八七）

描述：内外施釉，圈足底心见乳实，内底为单圈斜线，外壁为连续蕉叶纹，底径5.2cm。

编号：12 明万历青花碗底片（图八八）

描述：内外施釉，圈足底心见乳实，内底为单圈草叶，外壁饰连续弧纹，矮圈足，底径5.2cm。

编号：13 明万历青花碗底片（图八八）

描述：内外施釉，矮圈足底心见乳实，内底绘单圈草叶纹，外壁绘连续弧形纹，底径5cm。

编号：14 南宋陶罐耳（图九一）

描述：为双耳陶罐残片，灰白陶罐器壁较薄，残高7.5cm。

编号：15 明万历青花碗底片（图八八）

描述：内外施釉，内底心绘车轮状纹，外壁绘篮纹，发色灰黑，底径6.8cm。

编号：16 元代豆青釉碗片（图九二）

描述：内外施釉，施釉均匀，唇口外有实圈。

编号：17 元代青白釉碗底片（图九二）

描述：釉面光泽好，内底有凹圈，平底，内外施釉。

编号：18 明万历青花碗口片（图八七）

描述：内外施釉，外绘卷草纹。

编号：19 明万历青花碗口片（图八八）

描述：内外施釉，内饰蓝纹一道，尖唇，外饰青花晕染，发灰黑。

编号：20 明万历青花碗口片（图八八）

描述：内外施釉，外绘卷草纹。

编号：21 陶柱状器（图九三）

描述：灰红陶夹粗砂，似棒状，残长8.8cm、径4.2cm~4.7cm，与炉壁块圈出。

编号：22 板瓦（图九四）

描述：内面为细麻布纹，残长17cm、厚1.2cm。

编号：23 板瓦（图九四）

描述：内面为细麻布纹，残长13cm、厚1.2cm。

编号：24—30 炼炉壁块（图九五、图九六）

描述：呈内弧面，炼渣黏连，外渐变为灰黑红烧土，烧土坚硬，烧土厚为12cm。

编号：31 灰白陶环状器残件（图九七）

描述：器断面为⊔形，上薄下厚，内空平底，与炉渣和炉壁块同出，器底有刻划道，高3.5cm、内底深2.4cm、径14cm。

编号：32 元代青白釉碗口片（图九二）

描述：外口沿见宽芒口，外壁为竹节状。

东湖炼渣区第三地点

编号：1 明嘉靖青花杯口片（图九八）

描述：外壁饰蕃莲纹，发色较淡。

编号：2 明嘉靖青花碗底片（图九八）

描述：圈足，底为双圈，外壁绘卷草纹。

编号：3 明万历青花碗底片（图九九）

描述：外底中央乳白釉且有乳实，内底绘草叶纹，径 5.6cm。

编号：4 明万历青花碗底片（图九九）

描述：内外施灰白釉及底，釉层厚且有坑洼状，圈足底中央有方形押款，径 5.8cm。

编号：5 明万历青花碗底片（图九九）

描述：内外施青白釉，釉面开冰裂，为釉下彩，内底绘青花卷云纹，外壁有青花纹，由于残破，难觅形状。

编号：6 明万历青花瓷片（图九九）

描述：似为瓶腹片，外壁绘缠枝纹。

编号：7 明正德钧蓝釉杯口片（图一〇〇）

描述：外壁施蓝釉，内壁乳白釉，壁薄。

编号：8 南宋陶罐底片（图一〇一）

描述：属釉陶类，底微凹，底径 8.6cm，胎质坚硬。

东湖冶炼区第四地点

编号：1 元代青釉高足杯把（图一〇二）

描述：捉手竹节锥状，有积釉，高 3.8cm。

编号：2 明代青白釉碗底片（图一〇三）

描述：矮圈足，圈足中央为矮实乳，外壁青白釉，内底绘青花双圈，中间点缀草虫状青花，底径 6.2cm。

编号：3 明代褐黄釉碗底片（图一〇四）

描述：矮宽圈足，底部见手捺痕，圈足外沿斜切面较大，内沿稍斜，釉不及底，内中圈施釉，并有涩圈与内底上部釉间隔，胎底厚，往上渐薄，红褐圈足底见轮旋纹，底径 7.6cm。

编号：4 元代青釉圈足碗底片（图一〇五）

描述：浅圈足，圈足矮平，略显圈足，内外施釉，釉面呈冰裂状，内底中央有浅圆窝。底径 3.8cm。

编号：5 元代青灰釉碗底片（图一〇五）

描述：内外施釉，外底见明显螺旋纹，径 5.2cm。

编号：6 元代青釉碗底片（图一〇四）

描述：矮圈足，内外施釉，釉面冰裂状，外底中间见放射状轮旋纹，径 5cm。

编号：7 元代豆青釉碗底片（图一〇二）

描述：浅平圈足，内外施釉，外底无釉，釉面冰裂状，内底见轮旋纹一道。

编号：8 元代青白釉碗口片（图一〇二）

描述：口沿内外见芒口，外壁有曲折似为折腰碗残片。

编号：9 元代青白釉碗口残片（图一〇二）

描述：口沿内外见芒口，外沿芒口处略显，外弧壁为竹节状。

编号：10 明代豆青釉碗底片（图一〇三）

描述：高圈足，圈足呈梯形，外底中央见乳突，釉不及底，灰胎较厚，底径 5.8cm。

编号：11 明代青花碗底残片（图一〇三）

描述：内底錾刻"元"字，圈足底心为乳突状。

编号：12 明代青花碗口片（图一〇三）

描述：外壁绘云气纹。

编号：13 明青花碗口片（图一〇三）

描述：外壁绘波状纹，笔道较粗，发灰黑色。

东风桥炼渣区

编号：1 南宋青白釉碗片（图一〇六）

描述：内底刻有花瓣、栉状纹。

编号：2 南宋豆青釉碗底片（图一〇七）

描述：内外施釉，矮圈足，外壁瓜棱状，内底浮雕鱼纹，底径 4.8cm。

编号：3 南宋黑釉碟底片（图一〇八）

描述：内底施釉，外壁釉不及底，底径 2.6cm。

编号：4 南宋黑釉盏口沿片（图一〇八）

描述：内绘草叶纹，口沿内敛。

编号：5 南宋黑釉剪纸贴花碗底片（图一〇九、图一一〇）

描述：内底心为朵梅，周沿为双凤，外壁为鹧鸪斑纹，矮圈足，底径4.8cm。

编号：6 南宋黑釉盏碗底片（图一〇八）

描述：底内彩绘涡状纹，外壁为免毫。

编号：7 青白釉盏口沿片（图一〇六）

描述：器壁上薄下厚，施釉均匀。

编号：8 南宋釉陶擂钵底片（图一一一）

描述：胎体厚重，厚0.8cm。内刻粗槽，中有一径1cm的圆孔，底径11.5cm。

编号：9 元代豆青釉碗底片（图一一二）

描述：内外施釉卷沿，矮圈足，底径5.6cm。

编号：10 元代青白釉碗底片（图一一三）

描述：内底见乳实，底径3cm。

编号：11 元代青白釉碗底片（图一一四）

描述：内外施釉，外底心无釉处墨书字，内底心为一周凹窝，底径4.8cm。

编号：12 元代青白釉碗残片（图一一五）

描述：内外施釉，外底心无釉处见轮旋纹，口径5.2cm，矮圈足。

编号：13 元代青白釉碗口片（图一一六）

描述：尖圆唇，束颈，内外施釉。

编号：14 元代青白釉碗口片（图一一六）

描述：圆唇，内外施釉。

编号：15 元代青白釉碗底片（图一一七）

描述：内底施一周釉，釉面有实感，外底圈足矮宽，上书墨书二行，二行直书，前行似二字，难识，后行三字，为"福罗戊"。圈沿宽1cm，底径8.4cm。

编号：16 元代酱褐釉碗口片（图一一八）

描述：口沿内外见芒口，外壁瓦状，内外施釉莹润。

编号：17 元代青白釉碗底片（图一一九）

描述：矮圈足，内外施釉，内底心有凹窝线，底径4cm。

编号：18 明代青花碗底片（图一一九）

描述：内外施釉，外底绘纹圈押款，内底心绘草叶纹，底径 5.1cm。

编号：19 明代青花碗底片（图一二〇）

描述：高圈足，尖唇，口沿铁线，内底心双圈绘菊瓣纹，外壁通绘菊瓣卷草组合纹，底径 6.8cm。

编号：20 明代青花杯口片（图一一九）

描述：外绘草叶纹，有晕染。

编号：21 南宋黑釉盏底片（图一二一）

描述：厚胎底厚处 1cm，底径 5.5cm，内面兔毫纹。

编号：22 南宋黑釉盏底片（图一二二）

描述：厚胎，底径 5cm，近底厚达 1.1cm，内面粗放兔毫。

编号：23 南宋黑釉盏口片（图一〇八）

描述：内外施黑釉，敞口。

编号：24 南宋黑釉盏口片（图一〇八）

描述：内外施黑釉，敞口。

编号：25 元代青白釉碗底片（图一一五）

描述：矮圈足，几于平底，厚 1.5cm，底径 6.2cm，碗底中厚 1.4cm，内外施釉，胎体厚重。

编号：26 元代青白釉碗底片（图一一五）

描述：矮圈足，外底无釉，见旋轮放射状，内底凹圈一角，底径 6cm。

编号：27 元代青白釉碗底片（图一一四）

描述：矮圈足，内外施釉，底径 5.4cm。

编号：28 元代青白釉碗底片（图一一四）

描述：矮圈足，内外施釉，内底沿一周低下，底径 4.8cm。

编号：29 元代青白釉碗片（图一一四）

描述：似碗腹片，内外施釉。

编号：30 元代青白釉碗底片（图一一五）

描述：近底未施釉，底径 5.4cm。

编号：31 元代豆青釉碗底片（图一二三）

描述：内外施釉，釉色莹润。

编号：32 元代蟹壳青釉碗口片

描述：口沿处内外见芒口，内底为刻花纹，内外施釉，底径36cm。

编号：33 元代豆青釉碗底片（图一二三）

描述：内外刻花瓣，底径3.2cm。

编号：34 南宋豆青釉碟底片（图一〇七）

描述：厚胎，平底。

编号：35 南宋青白釉碗口片（图一〇六）

描述：口沿见内外芒口，釉润，宽沿。

编号：36 南宋青白釉碗口片（图一〇六）

描述：口沿内外见芒口。

编号：37 明代青花碗底片（图一一九）

描述：外绘青花，矮圈足，有径5.2cm，尖唇。

编号：38 南宋青白釉碗口片（图一〇六）

描述：宽圆唇，见内外口沿芒口。

编号：39 南宋青白釉碗口片（图一〇六）

描述：内外口沿处见芒口，宽圆唇。

编号：40 南宋青白釉碗口片（图一〇六）

描述：内外口沿见芒口，宽圆唇。

编号：41 南宋铁钱（图一二四）

描述：上铸"熙宁元宝"四字。

编号：42 陶柱状器（图一二五）

描述：灰白陶质，坚硬，似棒状，与炉壁块同出，长7.8cm，径2.1~1.8cm。

编号：43 板瓦（图一二五）

描述：残长11cm，厚0.8cm，内面见细麻布纹。

编号：44 砖（图一二六）

描述：青灰色，残长9.8cm、宽9cm、厚4.6cm，与炉壁块同出，似为黑砖。

编号：45 砖（图一二六）

描述：灰白砖，残长16cm，宽9.2cm，厚3.2cm。

编号：46 砖（图一二六）

描述：灰白砖，长22.5cm，宽7.5cm，厚2.6cm。

编号：47—51 炉壁块（图一二七）

描述：内弧状，系硬烧土与炼渣液黏结而成。

编号：52 元末明初豆青釉碗底片（图一二八）

描述：矮圈足，中乳突，内底及圈足无釉，底径 6.4cm。

编号：53 元末明初青白釉碗底残片（图一二八）

描述：矮宽圈足，外沿切削，外壁底无釉，内心有宽 2.1cm 涩圈，底径 8.8cm。

编号：54 明早期青花碗片（图一一九）

描述：厚胎，底径 7cm。

鉴里冶炼区

编号：1 元代青白釉碗底片（图一二九）

描述：矮圈足，内底有凹窝线，底径 4.6cm。

编号：2 元代青白釉碗底片（图一二九）

描述：矮圈足，外底见旋纹，无釉，底径 5.8cm。

编号：3 元代青白釉碗底片（图一二九）

描述：矮圈足，内底凹窝线明显，内外旋釉及底，底径 4.5cm。

编号：4 南宋青釉碗底片（图一三〇）

描述：圈足近平，底径 6.2cm。

编号：5 元末明初青灰釉碗底片（图一三一）

描述：圈足无釉，宽沿圈足，胎厚 1.2cm，底径 6.2cm。

编号：6 元末明初青灰釉碗底片（图一三二）

描述：内底无釉，高圈足，底径 5.6cm。

编号：7 明早期青釉碗底片（图一三二）

描述：内底见宽涩圈，圈带 2.2cm，底径 5.6cm。

编号：8 明正德青花碗口片（图一三三）

描述：外壁绘奔鹿纹。

编号：9 明万历青花碗底片（图一三四）

描述：内心书草体"福"字，矮圈足，底径 5.8cm。

编号：10 明万历青花瓷片（图一三四）

描述：外壁绘卷草幼物纹。

编号：11 宋末元初青釉碗底片（图一三五）

描述：宽沿圈足，底厚 1cm。

编号：12 宋末元初釉陶擂钵（图一三五）

描述：平底，内底刻横斜秋纹槽，底径 8.8cm。

编号：13 宋末元初青白釉碗口片（图一三五）

描述：内外见芒口，唇宽平。

编号：14 宋末元初青白釉碗口片（图一三五）

描述：外壁弧呈瓜棱状，矮圈足，底径 4.8cm。

编号：15 元代青白釉碗底片（图一二九）

描述：矮圈足，外底见旋纹，无釉，底径 5.8cm。

火烧山下炼渣区

编号：1 元代青白釉碗底片（图一三六、图一三七）

描述：矮圈足，内外旋釉，内底见凹线，底径 4.6cm。

编号：2 明代早期青白釉高足杯把（图一三八）

描述：残高 5.2cm，底径 4.2cm。

编号：3 明万历青花瓷碗底片（图一三九）

描述：小圈足底。

11 号矿洞前废石堆

编号：1 明晚期青花碗底片（图一四〇）

描述：矮圈足，内外旋釉，内心錾刻有"二字"字样，底径 5.6cm。

编号：2 明晚期青花碗底片（图一四〇）

描述：矮圈足，内外施釉，发色黑，底径 3.6cm。

编号：3 明晚期青花碗底片（图一四〇）

描述：内外施釉。

编号：4 方解石（与铅矿共生）（图一四一）

18 号矿洞

编号：1 明隆庆青花碗底片（图一四二）

描述：矮圈足，内底绘双圈 龙须纹，发色黑，底径 5.2cm。

编号：2 明嘉靖青花碗底片（图一四二）

描述：矮圈足，内心双圈龙纹，底径 7.6cm。

编号：3 明万历青花碗底片（图一四三）

描述：矮圈足，外壁饰条叶纹，内底双圈波折纹，底径 5.2cm。

编号：4 明万历青花碗底片（图一四三）

描述：矮圈足，外底中央乳实，内底中央双圈纹，底径 4.8cm。

编号：5 明万历青花碗底片（图一四三）

描述：矮圈，内底中心划押，外底无釉，底径 4.8cm。

编号：6 明万历青花碗底片（图一四三）

描述：矮圈足。

编号：7 明万历青花碗底片（图一四三）

描述：内口沿下点缀青花尖唇。

编号：8 明万历青花碗底片（图一四三）

描述：内底绘连弧花瓣纹。

鉴里冶炼区外土垣

编号：1 元代褐釉碗底片（图一四四）

描述：矮圈足，厚胎，底径 4cm。

编号：2 元代褐釉碗底片（图一四四）

描述：矮圈足，厚胎。

编号：3 元代褐釉碗底片（图一四四）

描述：矮圈足，厚胎。

编号：4 灰白砖（图一四五）

描述：长方形，长 24.5cm、宽 12cm、厚 2.5cm。

编号：5 灰白砖（图一四五）

描述：长方形，长 22.8cm、宽 8cm、厚 3.9cm。

蒙山鉴（务）旧址

编号：1 元代青白釉碗底片（图一四六、图一四七）

描述：大碗底片，宽沿矮平足，厚胎达 1cm，内外施釉，外底内心见乳突弦纹，内底深刻花卉。

编号：2 明代青花碗底残片（图一四八）

描述：内底绘草叶纹，高圈足，底径 6.8cm，底沿窄。

编号：3 明万历青花碗底片（图一四九）

描述：矮圈足。

编号：4 明万历青花碗底片（图一四九）

描述：矮圈足。

编号：5 明万历青花碗底片（图一四九）

描述：矮圈足，内绘草叶纹。

编号：6 明万历青花碗口片（图一四九）

描述：外壁绘斜线竖条。

编号：7 明万历青花碗口片（图一四九）

描述：外壁绘斜线。

编号：8 铺地砖（图一五〇）

描述：青灰胎，表面黑底磨光，方形（碎成了块），边长 34cm、厚 3.8cm。

编号：9 灰砖（图一五一）

描述：青灰色，残长 18cm、厚 2.8cm，表面黑衣打磨。

编号：10 板瓦（图一五二）

描述：厚实，中厚 3.2cm、长 17.8cm、宽 18.4cm，灰白色。

编号：11 砖（图一五三）

描述：灰白长方形，残长 23.2cm、宽 9.2cm、厚 2.8cm。

编号：12 板瓦（图一五四）

描述：残长 7cm，厚 0.7cm。

编号：13 砖

描述：灰白色砖残件。

图七二、图七三　明天顺青花碗底片

图七四　明嘉靖青花碗底片

1. 碗底片编号20　2. 碗底片编号5　3. 碗底片编号3
图七五　明嘉靖青花碗口片

1. 碗底片编号25
2. 碗底片编号7
3. 碗底片编号11
4. 碗底片编号9
5. 碗底片编号24
6. 碗底片编号13
7. 碗底片编号27

图七六　明正德青花碗底片

第二章　蒙山历史文献与考古资料

东湖炼渣区第一地点：23、12、8
图七七 明万历青花碗底片

东湖炼渣区第一地点：26、10
图七八 明万历青花碗底片

图七九 明万历青花碗底片　　　　　图八十 明正德乳白釉碗

1. 碗底片编号16   2. 碗底片编号18   3. 杯片编号21
图八一　明正德青花碗底片

图八二　明嘉靖青花碗片

图八三　柱状陶棒残件

图八四　板面

东风炼渣区第一地点：30—32　炉壁块
图八五　炉壁块

第二章　蒙山历史文献与考古资料

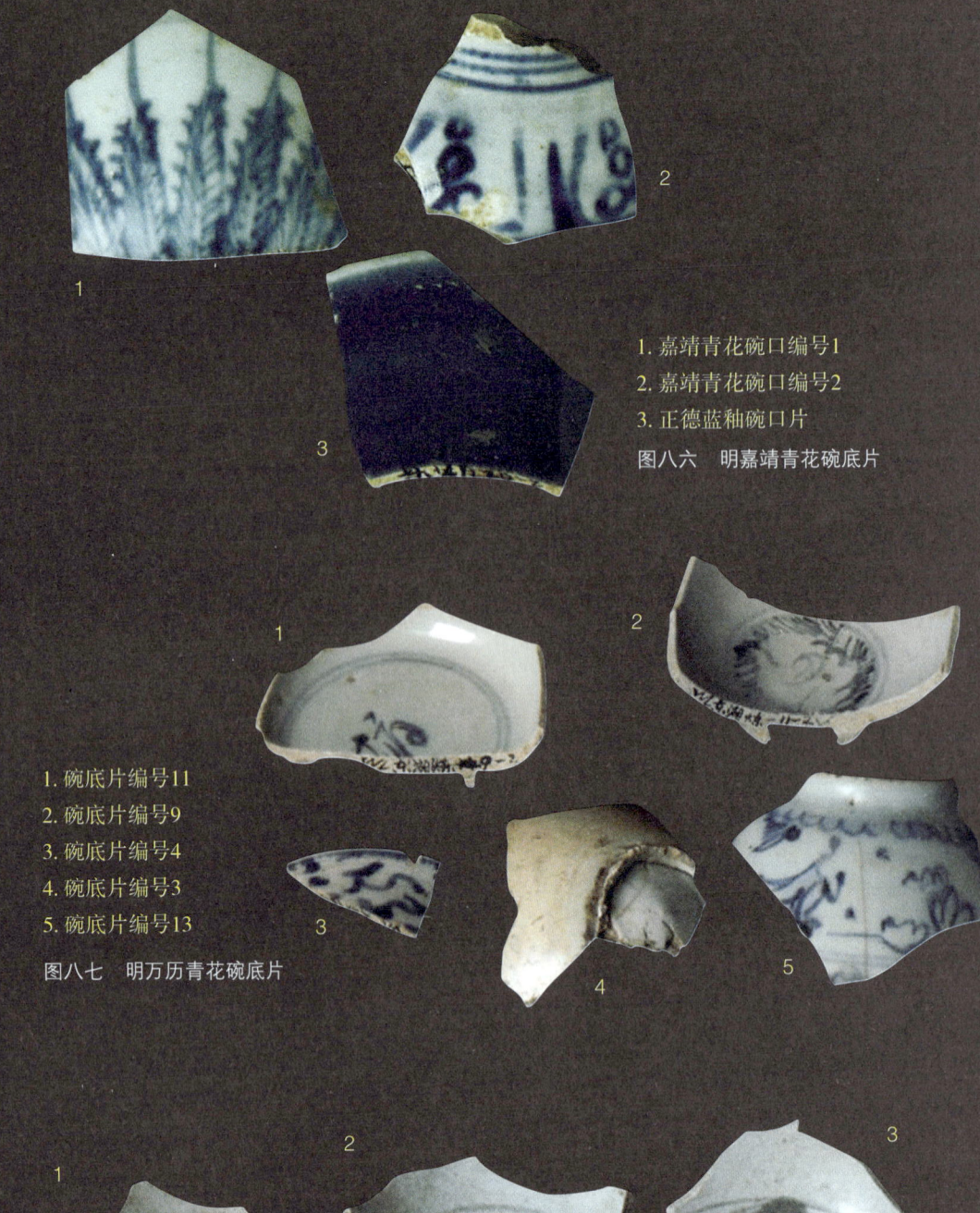

1. 嘉靖青花碗口编号1
2. 嘉靖青花碗口编号2
3. 正德蓝釉碗口片

图八六　明嘉靖青花碗底片

1. 碗底片编号11
2. 碗底片编号9
3. 碗底片编号4
4. 碗底片编号3
5. 碗底片编号13

图八七　明万历青花碗底片

1. 碗底片编号10　2. 碗底片编号12　3. 碗底片编号7　4. 碗底片编号13　5. 碗底片编号13

图八八　明万历青花碗底片

蒙山古银场

140

图八九、图九十　明万历青花碗底片

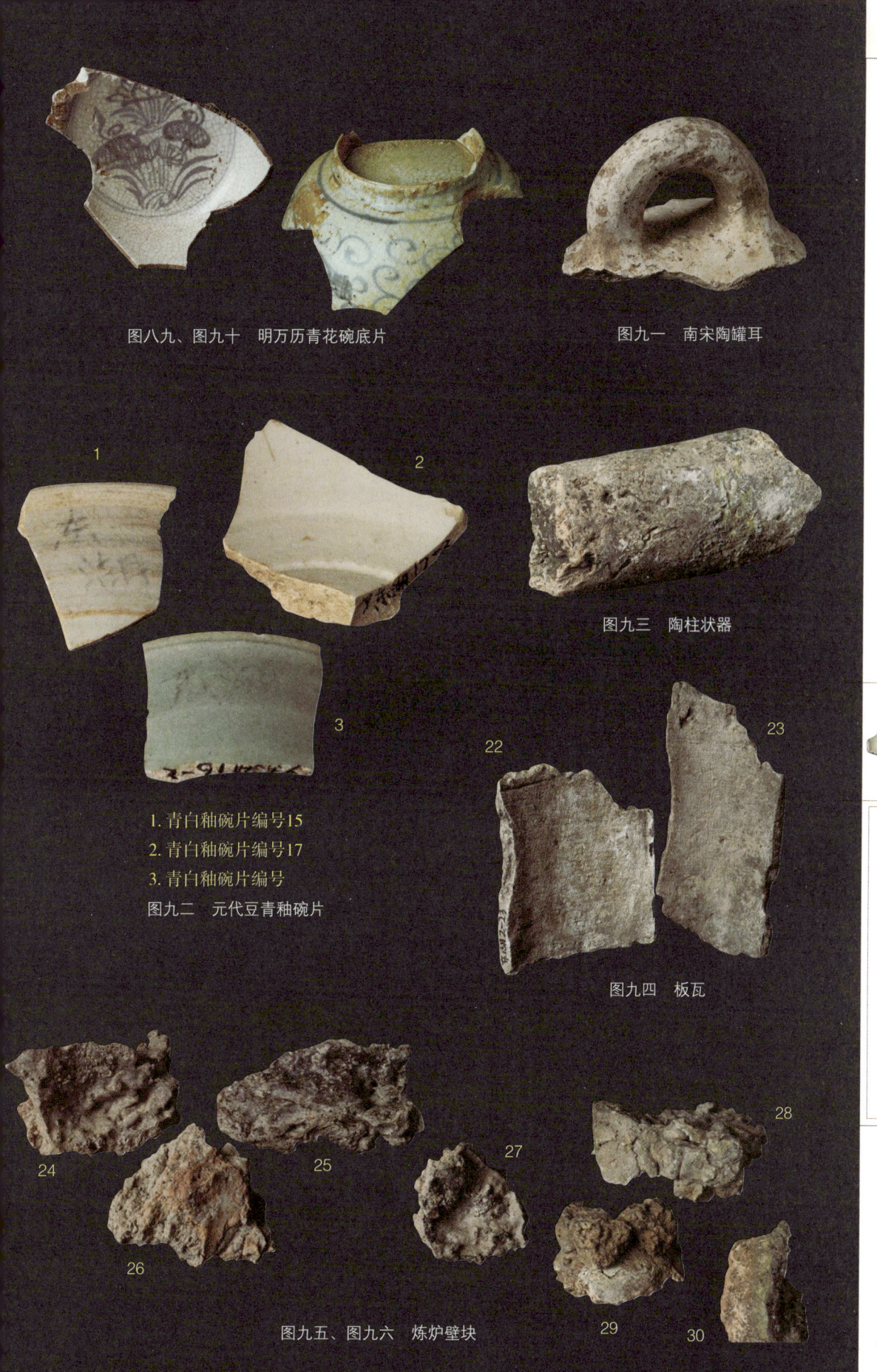

图九一　南宋陶罐耳

1. 青白釉碗片编号15
2. 青白釉碗片编号17
3. 青白釉碗片编号

图九二　元代豆青釉碗片

图九三　陶柱状器

图九四　板瓦

图九五、图九六　炼炉壁块

第二章　蒙山历史文献与考古资料

图九七　灰白陶环状器残件

图九八　明嘉靖青花碗底片

图九九　明万历青花碗底片

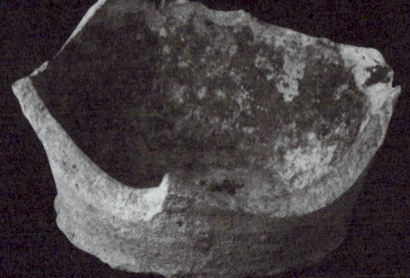

图一〇〇　明正德钧蓝釉杯口片

图一〇一　南宋陶罐底片

1. 青釉盖捉手编号1
2. 青白釉碗底片编号8
3. 青白釉碗口片编号9
4. 豆青釉碗底片编号7

图一〇二　元代青釉高足杯把

蒙山古银场

142

1—4 碗底片编号2、12、13、11

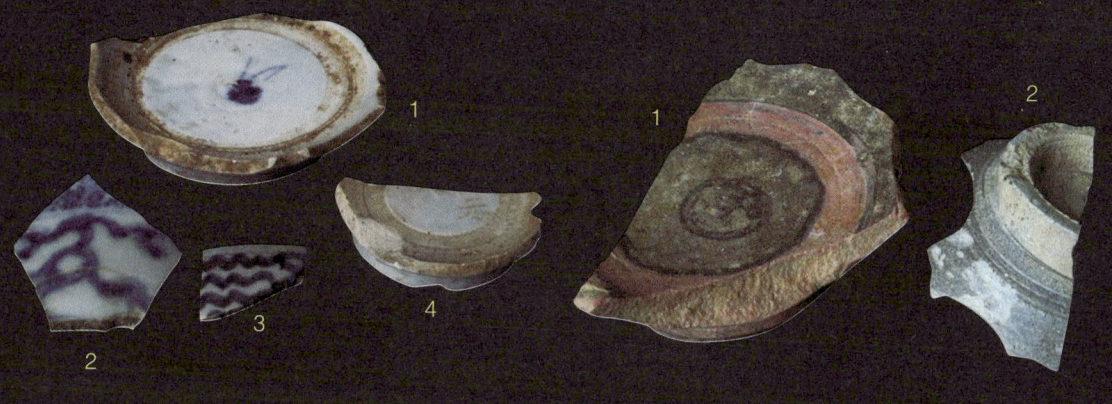

图一〇三 明代青白釉碗底片

1. 褐黄釉碗底片编号3 2. 豆青釉碗底片编号6

图一〇四 明代褐黄釉碗底片

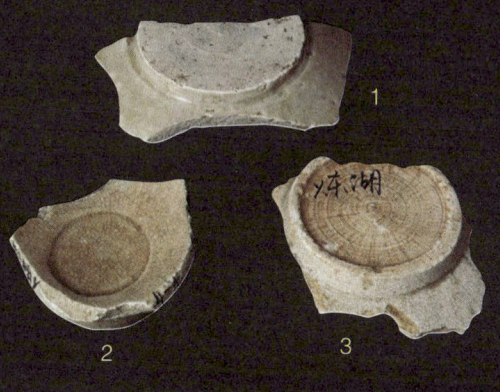

1—3 青灰釉碗底片编号5、4、7

图一〇五 元代青釉圈足碗底片

1. 碗口片编号40 2. 碗口片编号35 3. 碗片编号7
4. 碗口片编号39 5. 碗口片编号38

图一〇六 南宋青白釉碗片

图一〇七 南宋豆青釉碗底片

1. 盏口沿编号4 2. 碗底片编号6 3. 碗底片编号3

图一〇八 南宋黑釉碟底片

第二章 蒙山历史文献与考古资料

图一〇九、图一一〇 南宋黑釉剪纸贴花碗底片

图一一一 南宋釉陶擂钵底片

图一一二 元代豆青釉碗底片

图一一三 元代青白釉碗底片

1. 青釉碗底片编号11   2. 青白釉碗底片编号27
3. 青白釉碗底片编号28

图一一四 元代青白釉碗底片

1. 青花碗底片编号12　　2. 青花碗底片编号26　　3. 青花碗底片编号30

图一一五　元代青白釉碗残片

图一一六　元代青白釉碗口片

图一一八　元代酱褐釉碗口片

图一一七　元代青白釉碗底片

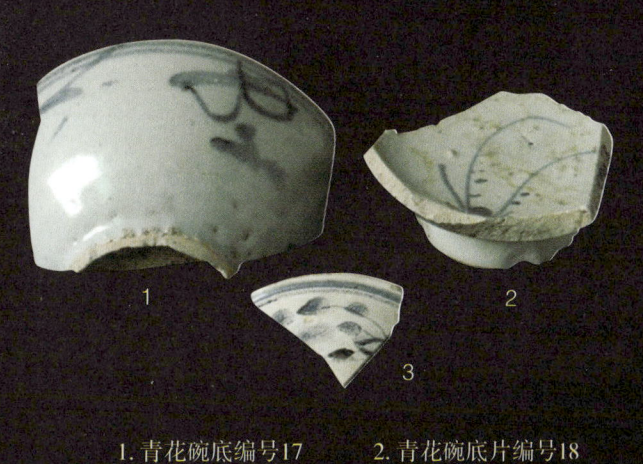

1. 青花碗底编号17　　2. 青花碗底片编号18
3. 青花环口沿编号20

图一一九　元代青白釉碗底片

第二章　蒙山历史文献与考古资料

图一二〇 明代青花碗底片

图一二二 南宋黑釉盏底片

图一二一 南宋黑釉盏底片

1. 豆青釉碗底片编号31　2. 豆青釉碗底残片编号33
图一二三 元代豆青釉碗底片

图一二四 南宋铁钱

图一二五 陶柱状器

蒙山古银场

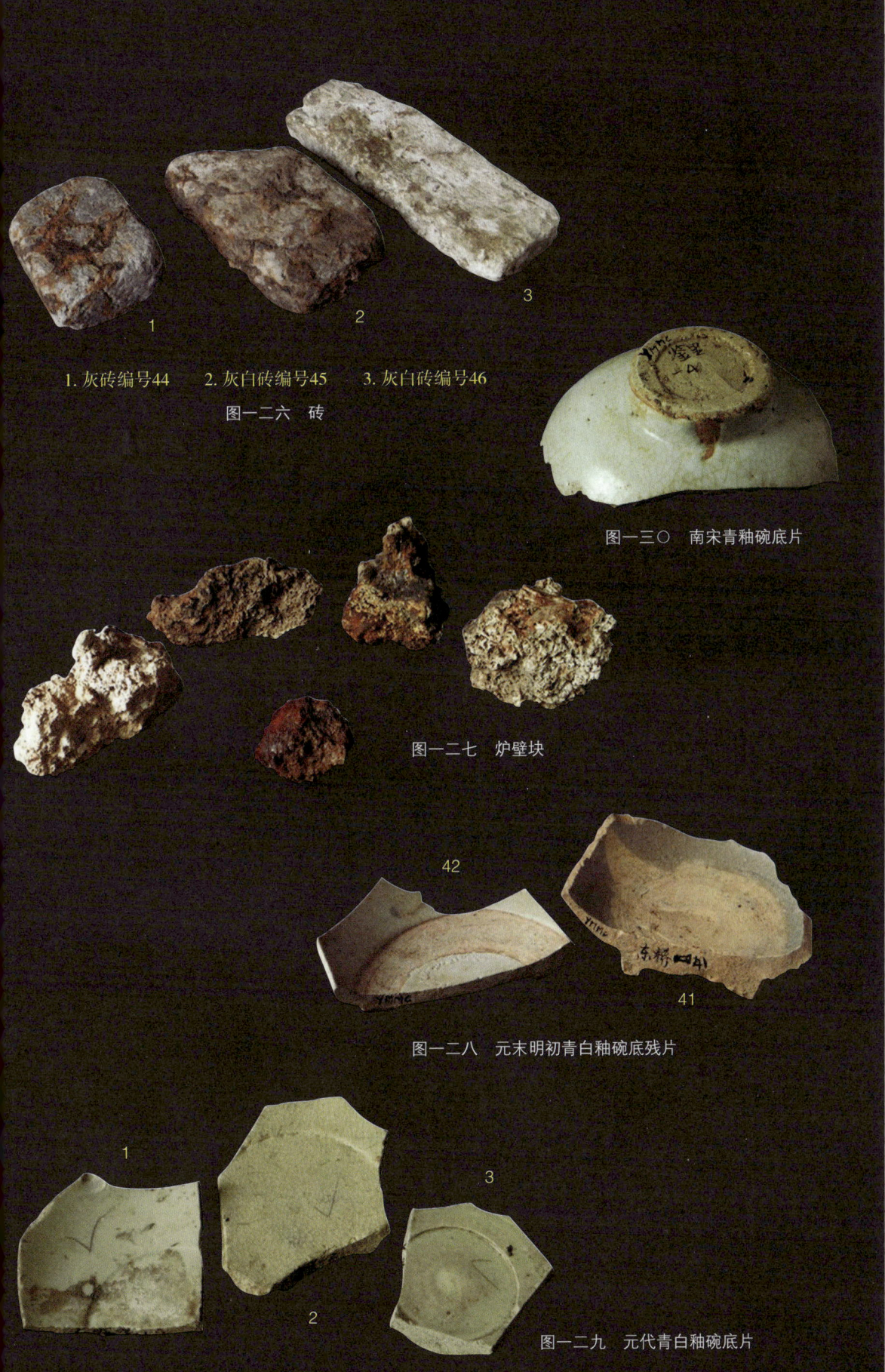

1. 灰砖编号44　　2. 灰白砖编号45　　3. 灰白砖编号46

图一二六　砖

图一三〇　南宋青釉碗底片

图一二七　炉壁块

图一二八　元末明初青白釉碗底残片

图一二九　元代青白釉碗底片

第二章　蒙山历史文献与考古资料

图一三二 元末明初青灰釉碗底片

图一三一 元末明初青灰釉碗底片

图一三四 明万历青花碗底片

图一三三 明正德青花碗口片

1. 青褐釉碗底片编号11　　2. 青白釉碗底片编号12
3. 青白釉碗底编号13　　　4. 青白釉碗底片编号14

图一三五 宋末元初青釉碗底片

蒙山古银场

图一三六、图一三七　元代青白釉碗底片

图一三九　明万历青花瓷碗底片

图一三八　明代早期青白釉高足杯把

图一四〇　明晚期青花碗底片

第二章　蒙山历史文献与考古资料

149

图一四一　方解石（与铅矿共生）

图一四二　明隆庆青花碗底片

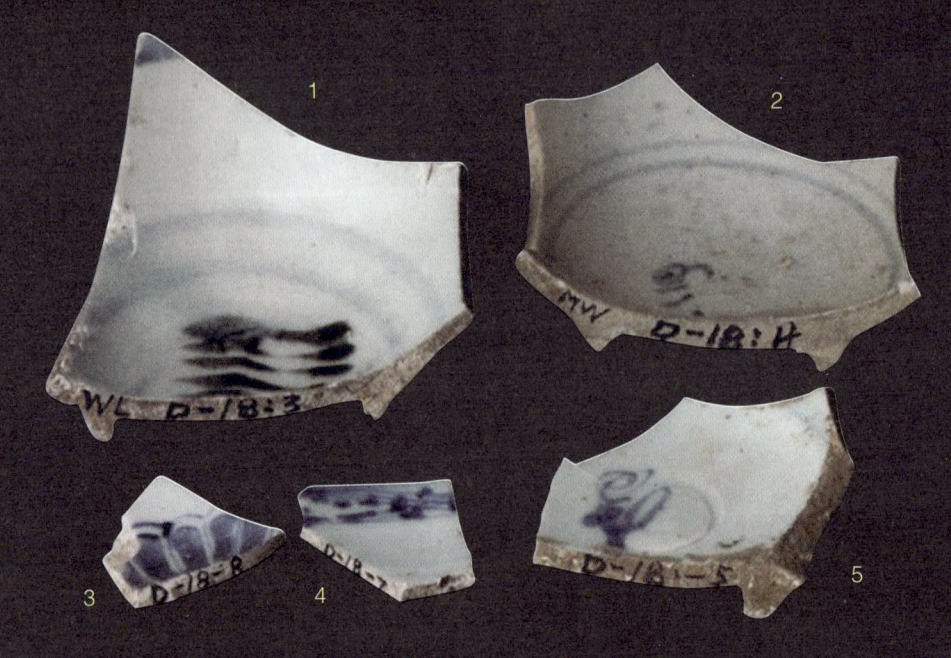

18号矿洞　明万历青花瓷片　　1—5　碗底片编号3、4、8、7、5

图一四三　明万历青花碗底片

图一四四 元代褐釉碗底片

图一四五 灰白砖

图一四六、图一四七 元代青白釉碗底片

图一四八 明代青花碗底残片

图一四九 明万历青花碗底片

第二章 蒙山历史文献与考古资料

151

图一五〇 铺地砖

图一五一 灰砖

图一五二 板瓦

图一五三 砖

图一五四 板瓦

后 记

　　蒙山银矿遗址是我国矿冶遗址的典范,其显著特点是规模宏大、开采历史长、遗存丰富、文化内涵深厚、保存完整等。如何使沉睡了八百多年的蒙山古银场焕发活力,一直是我们努力的目标。恰逢如此盛世,是到了揭开它神秘面纱、让它造福后人的时候了,这也是我们出版《蒙山古银场》的目的所在。

　　记得小时候就听老人说过蒙山银矿,有蒙山银矿挖矿的工人一天要吃一百头猪,一百担饭,但矿洞最深处探矿的人还是被饿死之说,有太子与桑女的爱情故事之传,还有太子死后用金子做头埋葬之谜。这些故事伴随着我长大,也从小起就有了想揭示它神秘面纱的欲望。2008年我有幸调到上高县博物馆工作,开始接触蒙山银矿遗址。我馆关于蒙山银矿遗址的记载资料是从20世纪80年代开始的,当时国有九〇二地质大队在蒙山大庙一带勘探地质矿源,发现有大量矿渣堆存在,即与博物馆联系,此时恰好是江西省第三次不可移动文物普查时期,县博物馆当即组织人员到实地进行调查,由此蒙山银矿遗址作为一处不可移动文物在博物馆进行了登记,同时向江西省文物局进行了专题汇报。省文物局对此非常重视,派专家到实地进行了察看。专家对蒙山银矿遗存矿渣规模之大感到震惊,认为如此大规模的炼银遗址在我国是少有的,非常珍贵,并把蒙山银矿遗址颁布为第三批江西省重点文物保护单位。自此,蒙山银矿遗址矿洞及鉴里炼渣堆作为文物被保护起来,对蒙山银矿遗址的研究也由此开始深入。1988年县博物馆老馆长胡春涛同志查阅有关资料发现,吉林省农安县有出土两枚錾刻有"瑞州府蒙山银课"字样天字号、元字号银锭的报道,并查阅到这两枚银锭现收藏于吉林省博物馆内。胡馆长通过省文物局与吉林省博物馆进行了联系,对此消息进行了核实。在经费相当紧缺的情况下,自筹资金赴长春对这两枚银锭进行原样复制,这两枚复制的银锭现收藏在县博物馆内。这两枚银锭对研究蒙山银矿遗址有非常重要的价值,从中也印证了蒙山银矿遗址在元时代是官银的主要产地。它们包含的文化信息非常丰富,对奠定蒙山银矿遗址在我国冶炼遗址中的地位起了非常重要的作用。20世纪90年代后,由于整个文博行业不景气,县博物馆没有能力对蒙山银矿遗址进行系统调查,只是在1995年业务人员随当地大涡里村支书李树根到扁槽洞进行了探测。扁槽洞深不可测,洞内时窄时宽,地形复杂,在洞内找到当年矿工照明用的马灯一盏,在洞内还发现有骷髅遗存,洞内暗水沟上有木桥,但木桥已腐朽,不能承载人过去。此外,对扁槽洞及周边两个矿洞口上的石刻做了拓片,由此弄清了洞口石刻的内容,知道了蒙山银矿的三次封禁时间及封禁原因,从而也进一步证明了蒙山银矿的冶炼历史是宋、元、明三朝,这些工作对以后推动蒙山银矿遗址的研究起了基础性作用。但在此时间内,由于文物保护资金匮乏,造成保护乏力,同时广大群众对文物保护意识不强,致使鉴里炼渣堆的矿渣遭到拉运。现通往大涡里村水泥路的路基就是由鉴里炼渣堆的矿渣做的,否则鉴里炼渣堆比现存的更雄壮,想起来就令人伤心。2005年,中科院自然科学史研究所苏荣誉研究员陪同日本石见银矿申报世界文化遗产代表团到蒙山银矿实地考察,花了两天时间走遍了当时已发现的蒙山银矿遗址的炼渣堆积及矿洞,发出了蒙山银矿遗址是世界上规模第三、亚洲规模第一的银矿遗址的感叹。苏荣誉研究员感叹之言无疑又把蒙山银矿遗址的地位推上了新高。鉴于蒙山银矿遗址的重要性，2008年江西省文物局从省基层文物保护资金中下拨30万元作为蒙山银矿遗址的调查与勘探费用，正是由于有了这笔经费，我们在省文物保护中心的组织下，省博物馆原副馆长、我省资深矿冶遗址考古专家刘诗中教授亲自带队对蒙山银矿遗址进行了为期三个月的全面调查与勘探，形成了翔实的调查与勘探报告，也正是在这次调查的基础上，蒙山银矿遗址才成功申报为全国重点文物保护单位，也正是因为有了这次调查，我们才有能力撰写此书。

在《蒙山古银场》付梓之际，这些年来的经历如电影一样在我脑海里播放，由衷感谢这些年来一直关心和支持蒙山银矿遗址保护工作的国家和省、市有关部门和领导，由衷感谢历届上高县委、县政府及南港镇政府对蒙山银矿遗址保护工作的支持，由衷感谢县文化广电新闻出版局的历届领导对我们工作的正确领导和大力支持，对在调查和勘探工作中同我们一道战斗的刘诗中教授、王岚专家、北京科技大学冶金史研究员李延群博导、谢乾丰博士、省文物考古所肖发标研究员及我馆全体工作人员，在此一并感谢。

由于经验和认识上的局限，尤其是作者对文物考古专业知识的欠缺，书中肯定还会有许多纰漏和不足。恳请读者、专家指正。

刘清华

2016年6月

参考文献

1. 南延宗：《赣北蒙山花岗岩及其所生成矿产之研究》，1940 年
2. 南延宗、杨振翰：《江西上高蒙山地质矿产》，1940 年
3. 赣西地质调查大队：《上高蒙山区域勘探报告》，原件存中国地质图书馆，1983 年
4. 李国强等主编：《江西科学技术史》，海洋出版社，2007 年
5. 路甬祥主编：《中国古代金属矿和煤矿开采工程技术史》，山西教育出版社，2007 年
6. 夏湘蓉、李仲均、王根元编著：《中国古代矿业开发史》，地质出版社，1980 年
7. 王菱菱：《宋代矿冶研究》，河北大学出版社，2005 年
8. 赵澄秋：《中国古代矿冶史论文索引及文摘》，地质出版社，1989 年
9. 唐际根：《矿冶史话》，社会科学文献出版社，2011 年
10. 宋应星：《天工开物》。